Paul Klein

111 Geschäfte
in Hamburg, die man
erlebt haben
muss

W0071934

emons:

Bibliografische Information der Deutschen Nationalbibliothek
Die Deutsche Nationalbibliothek verzeichnet diese Publikation
in der Deutschen Nationalbibliografie; detaillierte bibliografische
Daten sind im Internet über http://dnb.d-nb.de abrufbar.

© Hermann-Josef Emons Verlag
Alle Rechte vorbehalten
Gestaltung: TIZIAN Books, nach einem Konzept
von Lübbeke | Naumann | Thoben
Kartografie: altancicek.design, www.altancicek.de
Kartenbasisinformationen aus Openstreetmap, © OpenStreetMap-Mitwirkende, ODbL
Druck und Bindung: B.O.S.S Druck und Medien GmbH, Goch
Printed in Germany 2013
ISBN 978-3-95451-218-8
Originalausgabe

Unser Newsletter informiert Sie
regelmäßig über Neues von emons:
Kostenlos bestellen unter
www.emons-verlag.de

Vorwort

»Er handelte en gros und en détail.« So schildern viele Hamburger Handelshäuser die Geschichte ihrer Gründung im 19. Jahrhundert. Der hanseatische Kaufmann war seit jeher Großhändler und Fernhändler übers Meer. Wer vor Ort gute Geschäfte machen konnte, handelte aber auch en détail. So ist es bis heute geblieben, etwa im zweitgrößten Orientteppichlager der Welt in der Speicherstadt. Stets stand von allen Gütern und Waren das Feinste und Vornehmste zur Verfügung. Den gehobenen Bedarf der Bürger deckten die Krämer. Ebenso wie die Gemüsehändler verkauften sie auf den täglich stattfindenden städtischen Märkten. Viele Krämer spezialisierten sich und bezogen feste Adressen, wo sie ihre Ware auf herausgeklappten Laden aus Häusern, Kellern und Buden feilboten. Wer von ihnen zum Stand des Kaufmanns gehörte, war Auswärtigen nicht immer klar. In der Stadt wusste man es genau.

Seit dem 19. Jahrhundert begann sich auch das Gesicht der Hamburger Straßen grundlegend zu verändern. Die neu gebauten Geschäftshäuser der Zeit bestachen durch ihre Verkaufsräume mit den modernen und großen Schaufenstern. Bei älteren Fachwerkhäusern wurden die Straßenfronten entsprechend umgebaut. Nun verriet das Schaufenster, ob dahinter Großhandel oder familiengeführter Einzelhandel getrieben wurde.

Prunkvolle überdachte Einkaufsstraßen wie die Alsterarkaden und die Mellin-Passage erregen seit Mitte des 19. Jahrhunderts viel Aufmerksamkeit und Neugier, auch bei den Besuchern der Stadt. Bis heute wetteifern die schönsten Fensterfronten bekannter Traditionsgeschäfte um die Blicke der Kunden.

Mit dem Ladengeschäft öffnet sich der Verkaufsraum der Öffentlichkeit und verströmt das legendär weltoffene Flair einer Stadt, deren prächtige Läden und stolzes Warenangebot von ihrer reichen Handelsgeschichte erzählen. Wir laden zu einer Entdeckungsreise in ausgesuchte Verkaufsräume ein, die auch in Hamburg nicht jeder kennt.

111 Geschäfte

1__Antik-Center Hamburg
Überirdisch unterirdisch

Ein bezaubernder Abwärtstrend: Vom Eingang am Klosterwall führt die Treppe hinunter in das Untergeschoss der ehemaligen Blumenmarkthallen, in den Basar der Hamburger Antiquitätenhändler, die 1975 das Antik-Center mit über 30 Läden nach Vorbildern der Indoor-Markets in London gründeten. Erst 15 Jahre später zogen Kunsthaus, Kunstverein und die Freie Akademie der Künste in die obere Etage und bereicherten die Location auch kulturell.

Die ehemaligen, nun liebevoll ausgebauten Boxen der Blumenhändler im Untergeschoss wurden mit Kunst und Trödel aus aller Welt bestückt. Sehr stolz sind die Betreiber der vielseitigen Antik-Geschäfte darauf, durch eine frühe Nutzung das Quartier am Deichtorplatz, die Verbindung von der Mönckebergstraße und dem Hauptbahnhof direkt zur Elbe, zur Speicherstadt und heute auch zur HafenCity neu belebt zu haben – während das Hamburger Publikum bis heute den großen Vorteil schätzt, bei Wind und Wetter ungestört stöbern, entdecken oder im Café einfach nur ausruhen zu können.

Antiquar Börries von Kummer, Sprecher der Händlergemeinschaft, erklärt: »Es gibt hier keinen Chef für alle. Jeder ist für sich selber verantwortlich.« Auf insgesamt geschätzten 3.000 Quadratmetern Fläche wird nostalgische Kleinkunst, vorwiegend aus dem 18. bis 21. Jahrhundert, Möbel, Bilder, alte Kelims, Porzellan, Silber, Glas, Bestecke, Uhren, Spielzeug, Modelleisenbahnen, alte Bücher, Bilder und vieles mehr angeboten: also all die Dinge, die jeden Haushalt individuell schmücken und nicht nachzumachen sind. Als »Trouvaillen« mutieren alte Gebrauchsgegenstände oft zu wertvollen Sammlerobjekten. Eine originale Musikbox aus den 1950er Jahren mit 100 Schallplatten, eine ganze Armee von Elastolin-Figuren sowie die beliebten sogenannten »Tresorbücher«, die Börries von Kummer zum Verstecken von Geld und Schmuck selbst aushöhlt, lassen Sammlerherzen höher schlagen. Einfach unterirdisch.

Adresse Klosterwall 9-21, 20095 Hamburg (Altstadt) | **ÖPNV** S 1, 2, 3, 11, 21, 31, U 1, 2, 3, 4, Haltestelle Hauptbahnhof, U 1, Haltestelle Steinstraße | **Öffnungszeiten** Di – Fr 12 – 18 Uhr, Sa 10 – 16 Uhr

2 Ateliergemeinschaft Sharon und braviange

Drunter und drüber

Zwei Frauen, die jeder Mann um ihren Job beneiden würde: Zwischen dem Schanzenviertel und St. Pauli haben Sharon Rohardt und Carolyn Bendahan ihrer Leidenschaft ein Zuhause gegeben. Die beiden langjährigen Freundinnen führen gemeinsam eine Schneiderei und sehen sich als Handwerkerinnen, weniger als Designerinnen, obwohl beide, sowohl die Diplom-Ingenieurin als auch die Kostümbildnerin, meist schwarz gekleidet sind.

Carolyn Bendahan hat sich auf die Anfertigung von Unterwäsche, Bademode und Nachtwäsche auf Maß spezialisiert. Sharon Rohardt übernimmt alle Anfertigungen der Oberbekleidung, von der schlichten Hose bis zum Brautkleid – oder auch Besonderheiten wie eine Corsage mit Frackschößen. Von ihrem gemeinsamen Konzept sind beide auch nach Jahren überzeugt: »Wir inspirieren uns, können uns unterstützen und nehmen uns nie die Butter vom Brot«, so Carolyn Bendahan.

Für beide ist es oberstes Prinzip, die Anfertigung sowohl auf den Geschmack und die Proportionen jeder Kundin als auch besonders auf die Persönlichkeit jeder einzelnen abzustimmen. So gibt es keine Kollektionen, aus denen ausgewählt wird, sondern Gespräche, auf denen die Modellfindung basiert. Manche Kundin weiß genau, was sie möchte, andere müssen geleitet werden. So treffen Kundinnen mit passformorientierten Wünschen auf solche, die etwa aus medizinischen Gründen eine Spezialanfertigung anstreben. »Wir möchten keine Modelle abarbeiten, sondern in Kommunikation etwas entwickeln. Und manchmal entspricht das Ergebnis nicht meinen persönlichen Vorlieben, aber nicht jede Frau hat einen Drang nach Rüschen und Schleifchen. Das muss respektiert werden«, sagt die Chefin der Unterwäsche. So nennen sie sich gegenseitig: »Chefin der Oberbekleidung« und »Chefin der Unterwäsche«. Nicht zuletzt dieses Augenzwinkern macht die beiden aus. Auch wenn es drunter und drüber geht: Die Harmonie ist beneidenswert.

Adresse Bernstorffstraße 153, 22767 Hamburg (St. Pauli), Tel. 040/67382827, www.braviange.de, E-Mail: mail@braviange.de | ÖPNV S 11, 21, 31, U 3, Haltestelle Sternschanze, S 11, 21, 31, Haltestelle Holstenstraße, U 3, Haltestelle Feldstraße | **Öffnungszeiten** Vereinbaren Sie Ihren persönlichen Beratungstermin.

3 Auktionshaus Die Eiche

Objekte der Begierde

Zum Ersten: Mehr als zehn Jahre Erfahrung hat der studierte Jurist und vereidigte Auktionator Marco Kröger mit dem ehemals leerstehenden Lübecker Speicher »Die Eiche« gesammelt, der aus den »Buddenbrooks« von Thomas Mann bekannt ist und der Kröger und seine Frau 2002 dazu inspiriert hat, mit Antiquitäten zu handeln.

Zum Zweiten: Nun hat das Paar in bester Lage ein neues Auktionshaus in Hamburg eröffnet. Die hohen und großflächigen Glasscheiben geben den Blick auf das Angebot frei, zu dem immer wieder Klassiker der Moderne aus italienischer und dänischer Möbelproduktion gehören. Für das Angebot gilt: Die Mischung macht's. »Nicht jeder mag Barockmöbel, aber die Begeisterung für Möbel und Designobjekte der 1970er Jahre teilt auch nicht jeder. Also bieten wir alles an, was unseren Anforderungen entspricht. Man kann Entdeckungen machen, seinen eigenen Stil finden, Überraschendes erleben, sehen, dass eine moderne Grafik sehr gut über einer Biedermeierkommode wirken kann.«

Versteigert wird Kommissionsware aus Privateinlieferungen, Sammlungs- oder Haushaltsauflösungen und Nachlässen. Ob Meissner Porzellan, Silberbesteck, Gemälde oder Zeichnungen: Alle Ausstellungsstücke tragen Preisschildchen mit dem Vermerk »Limit« – niemals zu hoch, um die Lust am Spiel zu wecken. Etwa acht Auktionen im Jahr soll es geben. Wer die Aufregung nicht verträgt, kommt zum Nachverkauf in das täglich geöffnete Geschäft: Hier werden die Stücke, die in der Auktion nicht zugeschlagen wurden, zum »Limit«, dem unteren Schätzpreis, angeboten und können gleich mitgenommen werden.

»Wer einmal eine Auktion miterlebt hat«, erzählt Marco Kröger, »als Bieter oder Verkäufer, der weiß, dass bei Auktionen alles möglich ist: packende Bietergefechte mit Ergebnissen weit über den Erwartungen, aber auch Schnäppchen, weil scheinbar niemand sonst das Objekt der Begierde gesehen hat.« Zum Ersten, zum Zweiten, zum Dritten!

Adresse Mittelweg 162, 20148 Hamburg (Rotherbaum), Tel. 040/688767840, www.auktionshausdieeiche.de, E-Mail: hamburg@auktionshausdieeiche.de | ÖPNV S 11, 21, 31, Haltestelle Dammtor, U 1, Haltestelle Hallerstraße, Bus 109, Haltestelle Fontenay | Öffnungszeiten Di – Fr 10 – 18.30 Uhr, Sa 10 – 14 Uhr

4 Bäckerei Sanai

Backkultur aus Afghanistan

»Das ist einzigartig – vielleicht in ganz Europa. Brot aus einem Tandoor-Ofen gibt es nur hier!« Nur hier. Das bedeutet: Pulverteich 23 im Bahnhofsviertel St. Georg. Frau Asfandiar sagt es lächelnd und mit sichtlichem Stolz. Die frühere Dolmetscherin weiß sich gut auszudrücken, auch wenn sie sich bescheiden gibt. »Meine Sprache ist nicht mehr so gut, seitdem ich nur noch mit den Fladen spreche, sagen meine inzwischen erwachsenen Kinder.«

Tandoor-Brot ist ein ungesäuertes flaches, lang gestrecktes Fladenbrot aus Weizen- und Weizenvollkornmehl, Weizenkleie und Wasser, dem nur wenig Hefe zugegeben wird. Den Ofen, der aussieht wie ein XXL-Fass aus Ton, hat ihr Mann Hiatullah Asfandiar 2005 nach dem Vorbild aus der Heimat selbst gemauert, nur dass er hier nicht mit Holzkohle, sondern mit Gas beheizt wird und penible feuerpolizeiliche Vorschriften zu beachten sind.

Im hinteren, emporenförmig erhöhten Raumteil des Geschäftslokals arbeitet Frau Asfandiar mit drei weiteren Gehilfen, die untereinander wenig, und wenn, Afghanisch sprechen. Der Getreidebrei wird angerührt, er muss im Warmen gehen; den geformten Fladenteig drückt der Ofenbäcker mit einer flinken Handbewegung direkt an die vertikalen Innenwände des Rundofens. Die Backweise bringt es mit sich, dass die Unterseite der Fladen immer einige wenige leicht schwärzliche Flecken aufweist, aber das tut dem wunderbaren Geschmack des ofenfrischen Brotes keinen Abbruch.

Im vorderen, zur Straße gelegenen Teil steht ein kleiner Tisch mit der Kasse, Weizenmehlsäcke sind neben der Eingangstür gestapelt, und rechts an der Wand gibt es eine schräge Ablage, auf der das Brot dampfend heiß herabrutscht. Die Kunden greifen dennoch gleich zu. Sie gehören zu den 15.000 in Hamburg lebenden afghanischen und türkischen Familien, die in St. Georg leben. Auch Letzteren – ach, einfach allen – schmeckt Brot aus dem Tandoor einzigartig gut.

Adresse Pulverteich 23, 20099 Hamburg (St. Georg), Tel. 040/28055377, www.sanai-gmbh.de | ÖPNV S 1, 2, 3, 11, 21, 31, U 1, 2, 3, 4, Haltestelle Hauptbahnhof | Öffnungszeiten Mo – Sa 9 – 20 Uhr

5 Rudolf Beaufays Second Hand & Vintage

Der englische Freibeuter

Maskenball? Kostümproben? Weit gefehlt. Das Geschäft auf der Rückseite der Hamburger Staatsoper ist kein Garderobengeschäft der Hamburger Bühnen, wie ein erster Blick auf die Schaufensterauslagen vermuten lassen könnte. Treffender wäre: Gefühltes 19. Jahrhundert, und zwar very British: Vintage-Kleidung und Klassik aus England. Bei Ladeninhaber Rudolf Beaufays ist Altmodisches zeitlos aktuell, seit der Laden 1999 eröffnete. Ob Maßgeschneidertes oder Konfektion; unter beidem findet sich Namhaftes aus zweiter oder dritter Hand, Tweed-Sakkos, Kricket-Pullover, Schottenröcke und bunte Hemden. Auch für Damen ist das ein oder andere Stück dabei.

Beaufays bezieht seine Edelcouture über seine über Jahre ausgebauten »Connections«, zuverlässige Lieferanten des Empire. Wer Kleidung mit Geschichte mag, dem eröffnet Beaufays ein Universum an kuriosen, gediegenen oder glamourösen Stilvorlagen. Don't forget the Bowler Hat oder den Eaton-Zylinder. Traditionell verstehen sich die Hamburger als anglophil; den Süddeutschen gelten sie gar als »englische Freibeuter«, war doch das Hamburg des 19. Jahrhunderts im Grunde eine englische Stadt inmitten Kontinentaleuropas.

Im hinteren Bereich des Geschäftslokals sitzt wie immer Zigarette rauchend der Ladenpatron Rudolf Beaufays, ein distinguierter älterer Herr mit der Aura eines intellektuellen Bohémiens, die perfekt zur angenehm diskreten Atmosphäre passt. Ungestört lässt er die Kunden zwischen Kleidungsständern und Auslagen stöbern, aber wenn gefragt, weiß er punktgenau Bescheid.

Auch den weltkriegerprobten Dufflecoat kann man hier gut oder günstig erstehen. Im Unterschied zum Parka gilt er in Hamburg als gesellschaftsfähig. Der Laden ist ein Muss für den Gentleman und jeden, der es fein mag. Britische Eleganz in Reinkultur – und das Stylishste, was sich in Hamburg erbeuten lässt.

Adresse Büschstraße 9, 20354 Hamburg (Neustadt), Tel. 040/35715977, www.rudolf-beaufays.de | **ÖPNV** S 1, 2, 3, U 1, 2, 3, 4, Haltestelle Jungfernstieg, S 11, 21, 31, Haltestelle Dammtor, U 1, Haltestelle Stephansplatz, U 2, Haltestelle Gänsemarkt | **Öffnungszeiten** Mo–Fr 12–18 Uhr, Sa 11–16 Uhr

6__Beisser

Die Fleischboutique

Edel. Sinnlich. Schön. Oder schlicht: zum AnBEISSEN. Hier ist auf den ersten Blick klar: Metzger sind die anderen. Die Fleischerei in Ottensen, von den Geschwistern Habben in der sechsten Generation geführt, ebenso wie die beiden Filialen in Eppendorf und in der Gourmet-Etage des Alsterhauses am Jungfernstieg, präsentiert sich weit eher wie der Verkaufsraum einer modisch gestylten Boutique. Weiße Wandkacheln, gegen anthrazitfarbene Theken und Regale abgesetzt, und der elegante schwarz-weiß gemusterte Fliesenboden setzen wirkungsvoll auf Effekt. Dennoch ist auch die Anmutung hehrer Tradition geblieben.

Die überbordende Theke weckt knackig-rustikale Fleischeslust. Wie in alten Zeiten sind die Gerätschaften zum Ausbeinen, Sägen und Filetieren nicht in den hinteren Raum verbannt, sondern liegen vorn im Gesichtsfeld des Kunden. Alte Schwarz-Weiß-Aufnahmen über den Wandregalen von der 1836 gegründeten Fleischerei zeigen noch ein schiefes Fachwerkhaus ohne Schaufenster. Modern jedoch war man schon immer. Um 1900 gehörte Beisser zu den Ersten, die Lieferungen mit einem der neuen automobilen Lastwagen ausfuhren. Auch sonst hatte man die Nase im Wind; entsprechend hoheitlich ging es zu: Beisser belieferte die Jacht Kaiser Wilhelms und die kaiserliche Marine.

Für Heinrich Heine war Hamburg »die Vaterstadt des Rauchfleisches«. Diesem Anspruch fühlten sich die Vorfahren verpflichtet und präsentierten 1919 auf der Weltausstellung ein neues qualitätssicherndes Pökelverfahren. Dem folgen auch die jungen Geschäftsführer, die sich um handverlesenen Einkauf kümmern und auf artgerechte Haltung und schließlich Verarbeitung der Tiere in einer kleinen »Maybach-Werkstatt des Schlachtens« im Hamburger Umland großen Wert legen. Claas Rudolf Habben setzt die hohe Kunst der Trockenreifung nach traditioneller Handwerkskunst neu in Szene. Metzger war gestern: »BEISSER – THE NEW FLEISCH«.

Adresse Ottenser Hauptstraße 9, 22765 Hamburg (Altona), Tel. 040/60945844, www.beisser-hamburg.de, E-Mail: info@beisser-hamburg.de | **ÖPNV** S 1, 2, 3, 11, 31, Haltestelle Altona | **Öffnungszeiten** Mo–Fr 10–19 Uhr, Sa 9–16 Uhr

7 Biokonditorei Eichel

Erste Sahne

Spot an! Der Star auf der Bühne des Monolokals, in dem entlang der vorderen knallgrünen Seitenwände Tische mit 20 Sitzplätzen stehen und im Hintergrund auch der Backofen, ist die in der Mitte des großen Raums stehende Tortentheke: Hierauf ist der Spot gerichtet, der Rest sind Zutaten. Auf sie allerdings kommt es in einer Biokonditorei gerade an. Woanders gibt es Torten, die aussehen wie hoch aufgetürmte Schlagsahneberge, hier nicht. Auch über die selbst geschöpfte Schokolade weiß Konditormeister Christof Eichel: »Gute Schokolade – da muss ich keinen Lack drauf machen.«

Nachdem er in Fünf-Sterne-Hotels auch als Patissier gearbeitet hat und mehr als zwölf Jahre in einem Café in St. Georg die Konditorei leitete, eröffnete er 2005 die erste Biokonditorei in Hamburg. »Es waren einfache, aber umfassende Herausforderungen wie etwa: Woher bekomme ich im Großhandel 150 Zutaten in Bioqualität?« Die Kosten dafür seien dreimal höher als in herkömmlichen Konditoreien, wo chemische Zusätze verwendet würden, um Zeit zu sparen, während die Kunst des Bio-Könners darin bestehe, ohne Backhelfer Kuchenteig und Tortenmasse lecker und locker herzustellen, damit einem der gute Geschmack der Natur auf der Zunge zergehe – und sonst nichts.

Das Konzept ist auf den Verkauf außer Haus ausgerichtet; die täglich etwa 100 bis 120 Gäste des kleinen Cafés allerdings bekommen den Kuchen zum Ladenpreis ohne Aufschlag. Christof Eichel: »In unserer Backstube mit normalerweise je zwei Gesellen und Lehrlingen backen wir täglich unsere Torten – je nach Saison. Aber wir haben natürlich auch unsere Klassiker, die so beliebt sind, dass wir ohne sie nicht auskommen. Blaubeer-Holunder-Quarktorte, Chocolate-Pie, Himbeertorte und Rhabarber-Streusel. Wichtig ist uns auch das Kreieren und Ausprobieren – so haben wir seit 2005 schon über 150 verschiedene Arten von Torten gebacken.« Eine leckerer als die andere!

Adresse Osterstraße 15, 20259 Hamburg (Eimsbüttel), Tel. 040/43193151, www.biokonditorei-eichel.de, E-Mail: info@biokonditorei-eichel.de | **ÖPNV** U 2, Halte-stelle Osterstraße und Christuskirche, Bus 4, Haltestelle Schulweg | **Öffnungszeiten** Di – So 10 – 19 Uhr, Mo Ruhetag (außer am Feiertag)

8 Blicker Modeschuhe

Fast wie eine Peepshow

Fetischisten, Augen auf! So geht Einkaufen auf dem Kiez. Man muss unbedingt reinschauen. Fast so gut wie eine Peepshow. Eine derartige Auswahl an verrückten Schuhen bekommt man selten zu sehen. »So viele hohe in so vielen Farben siehste sonst doch nirgendwo«, gibt sich Annette – eine der vielen Stammkundinnen – überzeugt.

Als der damalige Filialleiter einer großen Hamburger Schuhkette in der Zeitung las, dass das Schuhgeschäft von Horst Dieter Blicker auf der Reeperbahn zum Verkauf stand, wusste er: »Das will ich.« Den seit 1938 bestehenden Laden gegenüber der Großen Freiheit hat Alexander Lück in den letzten zwölf Jahren ordentlich aufgepeppt. Jeder, der High Heels mag, findet das Passende. Es gibt sexy Schuhe für die Tabledancerinnen. Wir sind ja schließlich auf der Reeperbahn.

Es findet sich aber auch eine große Auswahl an eleganten und modischen Schuhen. An Frauen mit kleinen Füßen ist ebenfalls gedacht, bis hinunter zu Größe 33. Beeindruckender und kaum zu fassen sind die Damenschuhe in der größten Größe, nämlich 50. Die sind für die Herren, oft Travestiekünstler aus dem angrenzenden Revuetheater »Pulverfass«, oder auch für andere, denn hier wird niemand schräg angesehen, sei er auch noch so außergewöhnlich. Natürlich gibt es auch Frauen mit großen Füßen, und die sind oft dankbar für die reichhaltige Auswahl an Übergrößen.

Ein Blick auf die Prominentenwand zeigt, in welcher Gesellschaft man hier einkauft: Verona Pooth, Romy Haag, Ute Freudenberg, Dagmar Berghoff und viele andere waren schon da. »Hier fühlste dich richtig wohl, und ein Paar klassischer roter Lackpumps mit ordentlichem Zehn-Zentimeter-Absatz habe ich mir auch gekauft, denn die sollte jede Frau in ihrem Schuhschrank wissen«, so Annette entschieden. »Ich freue mich schon auf die nächste Saison mit all den tollen Farben und Formen.« Diese Schuhe sind nicht nur zum Gehen gemacht. Das Auge stöckelt mit.

Adresse Reeperbahn 143, 20359 Hamburg (St. Pauli), Tel. 040/314209, www.blicker-schuhe.de, E-Mail: info@blicker-schuhe.de | **ÖPNV** S 1, 2, 3, Haltestelle Reeperbahn | **Öffnungszeiten** Mo–Sa 10–21 Uhr, So 12–20 Uhr

9　Blumen Graaf

Die vier Jahreszeiten

Blumen von Graaf auf kleiner und großer Fahrt: Deutschlandweit und international werden die Sträuße des 1876 gegründeten Floristikbetriebes versandt. Für die Betreuung des Kreuzfahrtschiffs »Europa« der Hamburger Reederei Hapag Llyod bereiste die Blumen-Graaf-Crew seit 1999 die halbe Welt. Dennoch sind Schiffsausstattung, große Bälle und Kongresse Begleitmusik geblieben. Kleine Feste, Familienfeiern und viele Trauungen in der Hochzeitskirche in Nienstedten bestimmen den Ton des Tagesgeschäfts.

Im straßenseitigen Ladenlokal stehen vor allem große und kleine Glasvasen mit so leuchtenden wie lockeren Arrangements. Blumen der jeweiligen Jahreszeit aus lokalem Anbau bestimmen das Bild. In den sich anschließenden hinteren Gewächshäusern binden und stecken 30 Mitarbeiter Sträuße und Gebinde.

Noch der Urenkel des Gründers und heutige Inhaber, Michael Graaf, spielte zwischen den ausgedehnten Blumenbeeten der Gärtnerei, die an das Gelände grenzte, jener Musterfarm des reichen und gebildeten Kaufmanns Baron von Vogt, die vor 200 Jahren zur Keimzelle der Baumschulen nordwestlich von Hamburg wurde. Sobald man das Ladengeschäft betritt und die Blumenpracht wahrgenommen hat, ist zu spüren, dass hier eine besondere und in der Floristik eher seltene Philosophie atmet und lebt.

Denn mit unbedingter Liebe zur Natürlichkeit sucht der an der Schule für Blumenkunst Weihenstephan bei Freising ausgebildete Florist Michael Graaf täglich frühmorgens an den Großmarkt-Verkaufsständen der Gärtnereien aus den Vier- und Marschlanden seine Blumen aus. Den sonst oft verbreiteten Einheits-Plastik-Look gibt es bei ihm nicht. »Ungefähr 60 Prozent der Blumenauswahl bestelle ich vertrauensvoll bei den jahrelangen Partnern aus den Gärtnereien«, erzählt Michael Graaf, »die restlichen 40 Prozent wähle ich mit Herzblut jeden Morgen frisch aus.« Bevor sie dann auf große und kleine Reisen gehen.

Adresse Kanzleistraße 25, 22609 Hamburg (Nienstedt), Tel. 040/827428, www.blumengraaf.de, E-Mail: info@blumengraaf.de | **ÖPNV** S 1, 11, Haltestelle Klein Flottbek | **Öffnungszeiten** Mo–Fr 8–18 Uhr, Sa 8–13 Uhr

10 Bonscheladen

Manufaktur der süßen Sucht

Ein Fall für Spürnasen. Sollten Sie diesen Laden im quirligen Ottensen gegenüber der ehemaligen Schiffsschraubenfabrik Zeise nicht sofort finden, machen Sie sich keine Sorgen – das geht vielen so. Folgen Sie einfach aufmerksam Ihren Nüstern. Wenn nämlich im Bonscheladen Bonbons gemacht werden, dann weht der Duft der Aromen schon einmal eine Straße weiter.

In dem kleinen, freundlichen Laden beeindrucken bunte Regale mit über 70 verschiedenen Sorten und machen die Auswahl schwer. Die Bonbons sind nämlich alles andere als gewöhnlich. Nicht nur der Geschmack überwältigt jeden, der genug vom Industrie-Einerlei hat. In fast alle Bonbons sind kleine Muster eingearbeitet, die jeden einzelnen in den Stand eines kleinen Kunstwerks erheben. Da gibt es welche mit Kringeln und Streifen, mit Herzen, einem Clownsgesicht, einem Smiley, die bekannten »Hafenbonsche« mit einem Anker oder Bonbons, in denen »Ahoi« oder »Moin Moin« zu lesen ist.

Wie aber kommen die Muster in diese kleinen Kostbarkeiten? Sofern Sie Glück haben oder zur Schauproduktion kommen, lüftet sich vor Ihren Augen das Geheimnis, wie diese sogenannten »Rocks« hergestellt werden: Es beginnt beim Kochen des Zuckers in dem großen Kupferkessel, dem Kühlen, Aromatisieren, Färben und Durchkneten sowie dem spektakulären Ziehen der Zuckermasse. Dann bauen die Bonbonmacher direkt vor Ihren Augen die verschiedenen Teile zu einem riesigen Bonbon zusammen, der danach zu langen, fingerdicken Schnüren ausgezogen wird. Davon werden die einzelnen kleinen Bonbons abgeschlagen, und in jedem findet sich in Kleinformat das Muster wieder.

Im Jahr 2005, nach einer Dänemark-Reise, haben sich Uwe Sponnagel und seine Frau mit diesem wunderbaren Betrieb ihren Traum von der Selbstständigkeit erfüllt. Der Name war schnell gefunden, denn in Hamburg nennt man Bonbons »Bonsche«. Die süße Sucht siegt bestimmt. Immer der Nase nach!

Adresse Friedensallee 12, 22765 Hamburg (Ottensen), Tel. 040/41547567, www.bonscheladen.de, E-Mail: info@bonscheladen.de | **ÖPNV** S 1, 2, 3, 11, 31, Haltestelle Altona, Bus 150, Haltestelle Friedensallee | **Öffnungszeiten** Di–Fr 11–18.30 Uhr, Sa 11–16 Uhr

11 Buchhandlung im Haus der Photographie

Mein Zuhaus

Heimisches Höchstniveau: Das Haus der Photographie in den Deichtorhallen betreibt eine hauseigene Fachbuchhandlung für Fotografie und Kunst, die auch öffnet, wenn das Museum wegen Umbau geschlossen ist. Seit 1994 im Fotofachbuchhandel tätig, hat Buchhändler Michael Klein in der südlichen Deichtorhalle des ehemaligen Hamburger Großmarktes ein exzellentes Wirkungsfeld gefunden: »Das von mir individuell kuratierte Angebot unterscheidet den Laden von oft austauschbaren Museumsshops und ist bewusster Bestandteil des Gesamtkonzepts Deichtorhallen«, stellt er zufrieden fest.

Denn mit dem Umbau 2005 erhielt Hamburg hier ein elegantes Ausstellungshaus mit zwei großen fotografischen Sammlungen von hohem internationalen Niveau, nämlich der Sammlung von F. C. Gundlach, von Weltruf in den Bereichen Mode- und künstlerische Fotografie sowie dem umfangreichen Bildarchiv des »Spiegel«. Gezeigt werden seit der Gründung internationale Wechselausstellungen, von historischen Positionen des 19. und 20. Jahrhunderts bis hin zu jungen Fotografen der Gegenwart und Aspekten der digitalen Revolution.

Dem Ruf des Hauses entsprechend hat Michael Klein eine der weltweit umfangreichsten und bestsortierten Spezialbuchhandlungen aufgebaut, die auf 100 Quadratmetern ständig eine Auswahl von mehr als 3.000 Bänden aus allen Bereichen der Fotografie sowie ein Zeitschriftensortiment mit etwa 250 internationalen Titeln anbietet. Schwerpunkte sind im Eigenverlag hergestellte Fotobücher, die jeweiligen Ausstellungskataloge der Deichtorhallen neben ausstellungsergänzenden Titeln, Künstlerbücher in Kleinstauflagen, Sondereditionen mit Prints, Vorzugsausgaben und besonders geschätzte signierte Bücher. Ab und zu nimmt Michael Klein handsignierte Exemplare in die Hand, wie etwa den humorvollen Band »Deutschland« von Gerry Johannson – und weiß: »Hier ist mein Zuhaus.«

Adresse Deichtorstraße 1–2, 20095 Hamburg (Altstadt), Tel. 040/32528704, www.deichtorhallen.de, E-Mail: bookshop@deichtorhallen.de | ÖPNV S 1, 2, 3, 11, 21, 31, U 1, 2, 3, 4, Haltestelle Hauptbahnhof, U 1, Haltestelle Meßberg & Steinstraße | **Öffnungszeiten** Di–So 11–18 Uhr

12 Chocoversum by Hachez

Das süße Gold auf der Zunge

Sind Sie ein Chocoholic? Dann sind Sie hier richtig. Chocoladen aus edlen Rohstoffen, traditionell verarbeitet und mit Liebe zum Detail verpackt, finden Sie hier in Hülle und Fülle. Im Meßberghof mitten im Herzen Hamburgs öffnet sich täglich das Reich des süßen Goldes: das Chocoversum by Hachez, eine Fundgrube für Schmackhaftes, Nützliches und Lustiges rund um das Thema Chocolade.

Hier streifen Chocoschwärmer entlang Confiserie-Pralinés und Chocoladen aus wildem Kakao, Beauty-Produkten aus Kakaobutter, gerösteten Kakaobohnen und vielem mehr. Wer selbst aktiv werden möchte, findet Zutaten, Werkzeuge und Bücher für die eigene Pralinenherstellung und kann auch gleich seinen Pralinenkurs dazu buchen. Die erlesene Pralinentheke samt süßen Spezialitäten stammt vom Hersteller Hachez, in dessen Manufaktur noch heute nach den ursprünglichen Rezepturen ihres Gründers, des Belgiers Joseph Emile Hachez, gefertigt wird. Aus dieser Tradition heraus wird Chocolade hier auch noch mit »ch« geschrieben.

»Was ist das wirklich Besondere an Chocolade? Wo liegt ihr Ursprung? Wie wird sie hergestellt? Und was bewirkt sie?« Am Meßberg gibt es auf diese Fragen Antworten, denn das Chocoversum beherbergt auch ein Chocoladenmuseum. Besucher folgen der frischen Kakaofrucht auf ihrem Weg vom Anbau über Handel und Verarbeitung bis zur fertigen Tafel. Unter dem Motto »entdecken – erleben – mitmachen« werden sie zu Qualitätskontrolleuren, Aromaexperten und schließlich selbst zum Chocolatier. Jeder Besucher kreiert aus seinen Lieblingszutaten eine unvergleichliche Chocolade.

Die Führungen durch das Museum sind ein Erlebnis mit allen Sinnen, mit dem Geruch frisch gerösteter Kakaobohnen mischt sich die Süße der flüssigen warmen Chocolade der Conche. Vor allem aber ist Probieren ausdrücklich erwünscht, denn der Unterschied zwischen »fein« und »besonders fein« liegt eben auf der Zunge. Der Chocoholic erkennt ihn sofort.

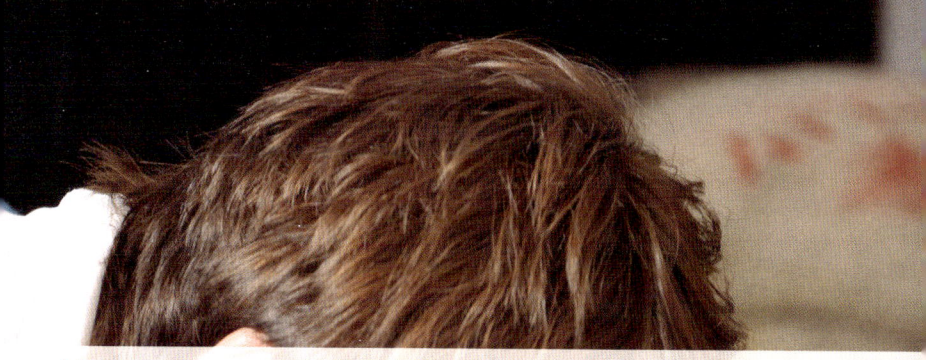

Adresse Meßberg 1, 20095 Hamburg (Altstadt), Tel. 040/41912300, www.chocoversum.de, E-Mail: info@chocoversum.de | **ÖPNV** S 1, 2, 3, 11, 21, 31, U 1, 2, 3, 4, Haltestelle Hauptbahnhof, U 1, Haltestelle Meßberg | **Öffnungszeiten** Mo−So 10−18 Uhr

13   craft2eu

Die Universität der Dinge

Über diese Schwelle ist der Fuß ganz schnell. Und dann haben wir ihn auch schon drin und können so leicht nicht mehr heraus. Kunst betrachten wir in Museen und müssen dafür Eintritt zahlen, ohne freilich etwas mitnehmen zu dürfen. Oder wir kaufen sie in Galerien. Dort aber zögern wir nicht selten, die zur Schau gestellte Exklusivität zu überwinden. Anders hier: Eine »Laden-Galerie« macht uns den Zugang leicht, da sie sich als Laden und damit in einer alltäglichen Konsumform anbietet.

Die Hemmschwelle klein, die Versuchung groß: Dies war Teil des Konzeptes der Inhaberin Schnuppe von Gwinner, als sie 2004 ihre Ladengalerie für feines Handwerk und Design aus den besten Studios und Werkstätten Europas einrichtete. Die große Fensterfläche präsentiert nicht nur die Auslagen, sondern das gesamte Ladenlokal. Ein weißer Raum mit erleuchteten Nischen und Vitrinen erlaubt eine fast museale Präsentation der Exponate. Handgefertigte Meisterstücke und anregende Designentwürfe bieten sich gleichermaßen als Objekte des täglichen Gebrauchs oder als Kunstgegenstand an. Das einzigartige Sortiment von craft2eu umfasst erlesene Wohn- und Tischaccessoires, ungewöhnlich phantasievollen Schmuck und amüsante Spiel- und Spaßobjekte.

Auf der Suche nach dem sehr Besonderen und den zukünftigen Trends reist die ausgewiesene Expertin Schnuppe von Gwinner kreuz und quer durch Europa. In thematisch gestalteten Ausstellungen zeigt sie bei craft2eu ihre Auswahl aus unterschiedlichen Designbereichen, die nicht nur ihre Kunden, sondern auch Stylisten und Redakteure der Interior- und Lifestyle-Magazine immer wieder begeistern.

Darüber hinaus ist craft2eu ein lebendiger Ort der Begegnung mit und für europäische Gestalter im Handwerk und Design, ein Ort des Dialoges, eine Universität der Dinge – ganz ohne Schwellenangst. Wer seinen Fuß hier hineinsetzt, wird wiederkommen.

Adresse Eppendorfer Weg 231, 20251 Hamburg (Eppendorf), Tel. 040/48092822, www.craft2eu.net, E-Mail: office@craft2eu.net | ÖPNV U3, Haltestelle Hoheluftbrücke und Eppendorfer Baum, Bus 4, 5, Haltestelle Hoheluft | Öffnungszeiten Mo–Fr 12–19 Uhr, Sa 11–16 Uhr

14_ Craft Beer Store Schanzenhöfe

Die Braumeister

Seit der Entdeckung von Hopfen und Malz geht es hier leidenschaftlich zu: Schon im Mittelalter war Hamburg als Stadt der Bierbrauer weithin bekannt und stolz auf Verwendung des Hopfens zur Konservierung und geschmacklichen Verbesserung. Entsprechend hopfenlastig ist die neue kleine Brauerei gepolt, die den alten Markennamen »Ratsherren« erworben hat und als Namen für die Brauerei nutzt.

Der neue Craft Beer Store Schanzenhöfe bietet über 350 Bierspezialitäten internationaler Kult-Brauereien aus den USA, Südafrika, Asien und Europa an und macht damit eine internationale, handwerklich orientierte Bierkultur populär. Ob obergärige Pale Ales, untergärige Lager- und Bockbiere, bayerische Weizenspezialitäten, belgische Kreativbiere oder noch ganz andere Exoten: Hier gibt es einfach alles.

Anders als in Weinläden sind die Biere nicht nach Ländern, sondern in über 60 Bierstile eingeteilt. In gläsernen Kühlschränken fallen dickbauchige braune Zweiliter-Bügelflaschen ins Auge. Wechselnde Bierspezialitäten, die sonst nur in Fässern erhältlich sind, werden darin abgefüllt und können perfekt gekühlt abgeholt werden. Maximilian Marner, Geschäftsleiter und Hobbybrauer: »Eine bessere Möglichkeit, Bier noch frischer zu genießen, gibt es nicht.«

Abgefüllt werden die sogenannten Crowler in der neben dem Ladenlokal liegenden gläsernen Brauerei, deren vollautomatisierte Arbeitsabläufe der Hobbybrauer bei Führungen gern erklärt. Für den Brauprozess zuständig ist der Braumeister Ronald Siemsglüss, der hier nach Lust und Laune mit Rezepturen experimentieren darf. »Bester Geschmack erfordert beste Zutaten – und Zeit.« Durch unterschiedliche Zugabe von edlen Hopfenblüten oder Pellets aus der Hallertau entstehen angenehm herbe Geschmacksvarianten auf der Zunge und vor dem Trinken ein frisch-fruchtiger Geruch aus Mango und Passionsfrucht in der Nase: etwas für leidenschaftliche Hanseaten.

Adresse Lagerstraße 30a, 20357 Hamburg (Schanzenviertel), Tel. 040/380728920, www.craftbeerstore.de, E-Mail: welcome@craftbeerstore.de | ÖPNV S 11, 21, 31, U 3, Haltestelle Sternschanze | Öffnungszeiten Mo−Sa 12−20 Uhr

15 Dance Affairs

Auf dem Tanz-Boden

Zu glattes Parkett? Nein, keinesfalls. Als WM-Finalistin hat Ellie Erichreineke im Standardtanz über Jahre ganz oben auf dem Treppchen gestanden. Aber was machen, wenn der Schuh drückt? »Bereits 1992 ging ich auf die Suche auf der ganzen Welt nach Ideen und Dingen, die man bei uns nicht finden konnte, die das Tänzerleben aber um einiges erleichtern«, sagt Erichreineke. Sie hatte erkannt, »dass man viele Produkte zweckentfremden konnte«.

Kaufte die klassische Ballerina bereits Netzstrumpfhosen mit 25 Prozent Kunststofffaser, deren Löcher keine Laufmaschen zogen und die man einfach wieder zusammennähen konnte, so ruinierten ahnungslose Tangofrauen fleißig weiter die Netzstrumpfhosen »von der Stange«. So ging es weiter mit vielen kleinen Dingen. Der Rock für »Salsa knielang« ließ sich auch zur Milonga anziehen. Schuhe mit auswechselbaren Sohlen, für den Tango erfunden, stellte Erichreineke in der Welt des Salsa vor, denn dort gab es noch viel rutschigere Böden. Bald schon war kein Platz mehr für all die kleinen Dinge wie Absatzschoner oder Haarteile in ihrem ersten kleinen Laden.

Irgendwann entdeckte die Spezialistin den Boden – wie man die Lagerräume in der Speicherstadt nennt – am Brooktorkai 11 und machte ihn zum Tanzboden. Für die Hamburger Tänzerszene ist Dance Affairs längst eine feste Adresse, vom Hobbytänzer bis zum Tanzlehrer. Aber auch internationale Musicalstars, Sänger und Musiker decken sich ein. Opernhäuser und Theater ordern Bühnenschuhe für fast alle Rollen. Fernsehen und Fotografen holen sich Requisiten.

Heute bietet Dance Affairs mit seinen 720 Quadratmeter großen Böden auch für Laien Dancewear an, die man einfach nur zum Ausgehen tragen kann. Es gibt sie auch für die kleinen Problemzonen. In Europas größtem Kaufhaus für alles rund ums Tanzen darf jeder beschwingt sein, muss niemand auf dem Boden bleiben und bewegt sich dennoch perfekt auf jedem Parkett.

Adresse Brooktorkai 11 Block V, 20457 Hamburg (Speicherstadt), Tel. 040/896000, danceaffairshamburg.com, E-Mail: mail@danceaffairs.de | **ÖPNV** U 1, Haltestelle Meßberg, U 4, Haltestelle Überseequartier | **Öffnungszeiten** Mo, Mi & Fr 15–20 Uhr, Di & Sa 10–15 Uhr, Do 12–18 Uhr

16 DFM Hamburg
In der Tiefe komplex

»Ich verkaufe Kleidung, um Stoffe kaufen zu können. Ich bin ein Stoffsammler, stelle dann, wenn die Zeit reif ist, eine Stoffgruppe zusammen und entwickle aus dieser eine Kollektion aus bestehenden und neuen Schnitten.« Die Modemacherin Dörte F. Meyer formuliert ungewöhnlich anregend, und man glaubt ihr, was sie sagt. »Ich bin in Hamburg geboren, und insofern ist mein Frauenbild ein an der Oberfläche distanziertes und in der Tiefe komplexes Gebilde.«

So hat sie schon in den 90er Jahren für die in den Medienberufen aufstrebenden Frauen erste, sehr strenge »Anzugkleider« entworfen, die Frauen sinnlich, aber auf Augenhöhe zu männlichen Anzugkollegen erscheinen ließen. »Ich finde, dass Frauen höchst anspruchsvoll in ihren komplexen Lebensräumen agieren, sie wechseln häufiger im Leben ihre Ausrichtung – oder gar mehrmals am Tag. Dem versuche ich gerecht zu werden.« Daher arbeitet Dörte F. Meyer seit vielen Jahren mit Hamburger Schneidern und Schneiderinnen zusammen, die einen wesentlichen Anteil am Gelingen der Muster- und Maßteile haben.

Den ersten Laden mietete sie 1993 an, damals noch in der rauen Hafengegend. Dieser Laden – ehemals ein Betrieb für Schiffsbau – vermittelt heute durch seinen Fabrikcharakter einerseits die Nähe zum Werkraum und zum Handwerk, andererseits die Nähe zur Kunst und hat insofern einen Showroom- oder Galeriecharakter. »Das hatte auch Einfluss auf die Wahl unserer neuen Dependance in Ottensen, wo ich auch lebe.«

In der Tat ist das Konzept hier ähnlich. Der Zuschneidetisch steht wieder zentral im Raum, die großen Schaufenster stammen aus den 1950er Jahren und bieten eine Bühne für die in Kleinserien in und um Hamburg angefertigten Kollektionen. Über ihrem Pinterest Board steht treffend: »Free minded and art related fashion label, situated in the north of Germany, with two working spaces and showrooms«. Der freie Geist der Strenge.

Adresse Stubbenhuk 38, 20459 Hamburg (Neustadt), Tel. 040/3742712, Bahrenfelder Straße 150, 22765 Hamburg (Ottensen), Tel. 040/18005920, www.dfm-hamburg.de, E-Mail: shop@dfm-hamburg.de | **ÖPNV** U 3, Haltestelle Baumwall, S 1, 2, 3, 11, 31, Haltestelle Altona | **Öffnungszeiten** Mo–Fr 11–19 Uhr, Sa 11–16 Uhr

17 — Die Drucker

Schwarze Kunst für weiße Tage

Ein guter Tag. Damit er gelingt, dieser eine besondere Tag im Leben von Paaren, hat sich Joachim Wittrin mit seiner kleinen Druckerei spezialisiert. Hier werden auch Visitenkarten, Tischkarten, Menükarten, dazu Tauf- und Geburtstagseinladungen und Briefbögen auf zwei Heidelberger Druckmaschinen gedruckt. Was den kleinen Souterrainladen aber auszeichnet, sind über 300 verschiedene Papiere, Kartonsorten und über 1.400 individuelle Hochzeitskarten, aus denen man hier wählen kann, darunter viele von der befreundeten Künstlerin Jeannine Platz kalligrafisch gestaltete.

Der gelernte Setzer Wittrin, der seit über 40 Jahren im Akzidenzdruck tätig ist, legt aber noch ganz andere Raritäten auf den Tisch. Im Herbst 2013 eröffnet er keine 100 Meter weiter einen zweiten Laden, der passenderweise gegenüber der beliebten Eppendorfer Hochzeitskirche St. Johannis liegt. Seit Jahrzehnten ist Joachim Wittrin zu Druckereien im Umland gefahren und hat ausgemusterte Buchdruckmaschinen, Kisten mit alten Messingklischees und einen wahren Schatz alter Handsatzschriften in Holz und Metall gekauft. Seine Sammlung alter Fraktur-, Antiqua- und Jugendstil-Lettern dürfte im ganzen norddeutschen Raum ihresgleichen suchen.

In der neuen begehbaren Druckerei stehen vier sogenannte Trettiegel, also Buchdruckmaschinen, die im Fußbetrieb in Schwung kommen und deren älteste um 1890 gebaut wurde. »Letterpress ist fühlbare Drucktechnik, die ein dreidimensionales Schriftbild ergibt«, erklärt Joachim Wittrin. »Die alten Holz- und Bleidrucklettern inspirieren mich, wenn ich die Buchstaben aneinanderreihe, und nun können im neuen Ladenlokal auch die Kunden erleben, wie kunstvoll hochwertige, zum Teil handgeschöpfte Papiere bedruckt werden.« Hier wird es auch nette Rotweinabende mit Kursen geben, wo die »schwarze Kunst Gutenbergs« noch fühl- und riechbar ist. Damit aus einem guten Tag ein besonderer wird.

Adresse Eppendorfer Marktplatz 10 + Ludolfstraße 42, 20249 Hamburg (Eppendorf), Tel. 040/461199, www.die-drucker.de, E-Mail: info@die-drucker.de | **ÖPNV** U 1, U 3, Haltestelle Kellinghusenstraße, Bus 25, Haltestelle Eppendorfer Marktplatz | **Öffnungszeiten** Mo – Do 9 – 18 Uhr, Fr 9 – 17 Uhr, Di 18 – 20 Uhr (nur nach telefonischer Vereinbarung), Sa 9 – 14 Uhr (nur nach telefonischer Vereinbarung)

18 Effenberger Vollkorn-Bäckerei

Locker und lecker

»Unser Brot macht glücklich«, sagt der Bäckermeister und studierte Landwirt Thomas Effenberger, und er weiß, wovon er spricht. Er steht vor einer Gruppe von Hamburgern, denen er die Backstube seiner 1986 gegründeten Bio-Vollkorn-Bäckerei zeigt – mit 20 Mitarbeitern, inzwischen sechs Filialen und eigenen Verkaufsständen auf den Wochenmärkten der Hafenstadt. 2002 eröffnete der bei Effenberger gelernte Bäckermeister Jens Gottschalk die erste Dinkel-Vollkorn-Bäckerei Deutschlands im Dammtor-Bahnhof. In dieser »Effenberger Gläsernen Backstube« kann der Kunde beim Backprozess zusehen und erhält sein Brot noch ofenwarm.

Thomas Effenberger hat Bio-Brotbacken vor 40 Jahren in der Bremer Bäckerei seiner Eltern gelernt und eine methodisch besondere Handwerkskunst daraus entwickelt. »Mein Ziel war es damals, innerhalb von drei Jahren 10.000 Vollkornbrote in der Woche zu backen und zu verkaufen. Das habe ich geschafft, es hat nur etwas länger gedauert – 22 Jahre«, grinst er. Wichtig sei ihm, ökologisch nachhaltig zu produzieren. »Wie das geht, lebe ich vor.« Seit Jahrzehnten liefern Woche für Woche dieselben Bauern aus der Region das Getreide zu Preisen, die Herstellungskosten und Gewinn der Landwirte sichern und der Bäckerei einen angemessenen Brotpreis erlauben.

Die angewandte Backweise zeichnet aus, dass alle Brotsorten ausschließlich aus Sauerbrotteig und ohne Hefe gebacken werden. Die vitalen Mineralstoffe des Brotes werden erst bei einer mindestens zwölfstündigen Gärung des Brotbreis aufgeschlossen; so viel Zeit braucht der Teig, wenn keine Hefe verwandt wird. Thomas Effenberger: »Bei unserem lockeren und leckeren Brot weiß der Kunde, dass er das Beste des Korns bekommt. Bei der Gärung werden nicht nur die Mineralstoffkomplexe erschlossen, sondern auch opiatähnliche Stoffe freigesetzt. Daher macht unser Brot süchtig und der Genuss glücklich.«

Adresse Rutschbahn 18, 20146 Hamburg (Univiertel), Tel. 040/455445, www.effenberger-vollkornbaeckerei.de | **ÖPNV** U 1, Haltestelle Hallerstraße, Bus 6, Haltestelle Bezirksamt Eimsbüttel | **Öffnungszeiten** Mo – Fr 9 – 18 Uhr, Sa 9 – 17 Uhr

19_Walther Eisenberg – Der Mützenmacher

Nicht nur Schmidt wohlbehütet

Alles klar, nicht nur auf der Andrea Doria, sondern auch unter der Schirmherrschaft eines der stolzesten Mützenmacher der Stadt: Seit Lars Küntzel 1993 das Geschäft übernahm, hat sich am Verkaufsraum nichts geändert. Weder die wuchtige Holztheke mit Glasvitrinen noch die Regale und fünf Nähmaschinen der Traditionsmarke »Pfaff« sind gewichen, seit sich die Firma Mützenmacher gegenüber der Jacobikirche eingerichtet und einiges an tragischer Geschichte miterlebt hat, etwa die Flutkatastrophe von 1962, bei der viele Menschen starben.

Alles wäre anders gekommen, hätte nicht der junge Innensenator Helmut Schmidt als effizienter Krisenmanager alle Hebel in Bewegung gesetzt. Aus diesen Tagen stammt das Bild eines Staatsmannes, der auch später noch seine unverwechselbare Elblotsen-Mütze trug. Hanseatische Präzision, Coolness und Souveränität machten hier Weltkarriere. Noch heute trägt der ewige Kanzler die marineblaue Mütze der Elblotsen mit Schirm. Sogar das Urvater-Modell »Prinz Heinrich« aus dem 19. Jahrhundert ist bei Eisenberg auf Nachfrage lieferbar.

Lars Küntzel verkauft vornehmlich das Modell »Elbsegler«. Auf seinen Maschinen näht er nach den alten Schnittmustern aus dunkelblauer, gewalkter und gestrichener Baumwolle eine Schiffermütze mit drei Zentimeter hohem Rand. Kennzeichen bleibt ein Lederriemen am Kinn, der die Mütze bei Wind und Wetter auf dem Kopf hält. Den Elbsegler trugen früher Binnen-, Hafen- und die Küstenfischer ebenso wie die Arbeiter der großen Hafenwerften.

Jeder echte Hamburger kauft sich seine Mütze einmal im Leben beim Mützenmacher; schließlich will man wohlbehütet sein nach Vorbild der klassischen Hanseaten. Klar bleibt klar, unverkennbar dunkelblau und wetterfest beschirmt. Auch wenn der Sturm einmal von woanders her weht: Das Original gibt es nur hier.

Adresse Steinstraße 21, 20095 Hamburg (Altstadt), Tel. 040/335703,
www.muetzenmacher.de, E-Mail: info@muetzenmacher.de | ÖPNV S 1, 2, 3, 11, 21,
31, U 1, 2, 3, 4, Haltestelle Hauptbahnhof, U 1, Haltestelle Meßberg & Steinstraße, U 3,
Haltestelle Mönckebergstraße | Öffnungszeiten Mo – Fr 9 – 18 Uhr, Sa 10 – 13 Uhr

20 Elbgold-Kaffeerösterei

Tassen der Vorzüglichkeit

Es kümmert sie jede Bohne: »elbgold ist unser gemeinsamer Lebenstraum«, erzählt die ehemalige Pressesprecherin Annika Taschinski, denn seit jeher lieben sie und ihr Partner, Architekt Thomas Kliefoth, Kaffee. Nach einer vierwöchigen Reise durch Mexiko haben sie ihre jeweiligen Berufe an den Nagel gehängt und 2004 die elbgold-Kaffeerösterei auf dem Mühlenkamp in Winterhude eröffnet. Bald brauchten sie personelle Unterstützung, denn vor allem an den Wochenenden platzte der 90 Quadratmeter große Laden aus allen Nähten. Ideale Produktionsräume fanden sie nach dreijähriger Suche in den Schanzenhöfen, die dem Laden und Gastronomiebereich eine wunderbare Atmosphäre geben.

Um wirklich hochwertigen Kaffee beziehen zu können, beteiligt sich elbgold am »Cup of Excellence«, einem internationalen Kaffeewettbewerb, an dem jeder Kaffeebauer teilnehmen kann, indem er eine Probe seiner Ernte einreicht. Vielfach hat elbgold die prämierten Ernten ersteigern können und später direkte Beziehungen zu den Kaffeebauern aufgebaut.

Ihre Raritäten stammen weiterhin vom 12-Kilogramm-Röster, Espressi und Blends von einem restaurierten 45-Kilogramm-Röster aus dem Jahr 1937. Bei inzwischen 35 Mitarbeitern ist Thomas Kliefoth noch immer selbst Herr über diesen Prozess. Durch Proberöstungen legt er fest, welche Farbe, Röstzeit und Temperatur optimal für die jeweilige Sorte sind und wie das Beste aus der einzelnen Bohne herauszuholen ist: die zahlreichen Aromen und Geschmacksstoffe.

Beide Läden frequentiert ein sehr gemischtes, buntes Publikum, das stetig wächst. Von der Mutter mit Kind, der Rentnerin, die einmal in der Woche 125 Gramm magenschonenden, milden elbgold-Kaffee kauft, bis hin zu Prominenten, Kaffeefreaks, Handwerkern, Sportlern, Kreativen, Musikern, Gastronomen, Touristen und Nachbarn sind alle dabei. Hinzu kommen immer wieder viele neue Gäste, die auf der Suche nach der einen sind: der richtig guten Bohne.

Adresse Lagerstraße 34c, 20357 Hamburg (Schanze), Tel. 040/23517520, Mühlenkamp 6a, 22303 Hamburg (Winterhude), Tel. 040/27882223, www.elbgold.com, E-Mail: info@elbgold.com | **ÖPNV** S 11, 21, 31, U 3, Haltestelle Sternschanze (Schanze), Bus 6, Haltestelle Gertigstraße (Winterhude) | **Öffnungszeiten** Mo – Fr 8 – 19 Uhr, Sa 9 – 19 Uhr, So 10 – 18 Uhr

21 — Ergo

Schöner sitzen

Das Kontorhaus: Hansestädte haben einen besonderen Haustyp entwickelt – mit hoher Diele und dort eingebautem Kontor –, der schließlich dem bekannten Hamburger Bürohaus den Namen gab. Über den Raum jedoch, in dem der Kaufmann die Handelsbücher und den erforderlichen Schriftverkehr führte, seine Einrichtung und die Arbeitsabläufe wissen wir wenig.

Anders ist das heute. Seit 27 Jahren gehört der Einzelhandelskaufmann und frühere Shiatsu-Lehrer Volker Timm zu denjenigen, die heutige Raumgestaltungen und moderne Arbeitsabläufe unter die Lupe nehmen und körpergerechte Möbel fürs Büro und daheim verkaufen. Seit 1990 schon befindet sich sein Geschäft in den Räumen des Erdgeschosses im Sprinkenhof. Volker Timm: »Ein Möbel kann nur so gut sein, wie es zu Ihnen und Ihrer Arbeitsweise passt.« Für ihn steht daher der Mensch im Mittelpunkt und nicht das Produkt. Am Anfang steht die individuelle Analyse. Dabei werden sowohl die bevorzugten Sitzgewohnheiten – neigt man sich lieber vor oder lehnt man sich mehr zurück, nutzt man die Armlehnen? – als auch die konkrete Arbeitsumgebung untersucht. Die dann empfohlenen Arbeitsmittel Stuhl, Tisch und Umgebung müssen dem Körper entsprechen.

»Körperzentriert Arbeiten«: Nach diesem Konzept beraten Volker Timm und sein Team. Dazu hat er selbst viele Produkte neu entwickelt oder entwickeln lassen – wie etwa Konzepthalter, Computermäuse oder Tischlehnen. Jetzt verkauft er mit viel Enthusiasmus eine neuartige Rollermaus. Das Zeigewerkzeug wird über einen Rollstab gesteuert, der vorne in die Tastatur integriert ist und bequem und ohne Anstrengung oder Verdrehung der Hand mit einem oder mehreren Fingern bedient werden kann. Die Arme können am Körper bleiben, eben körperzentriert. Dazu Volker Timm: »Einseitige Belastungen führen immer zu Problemen, wir alle wollen zur Mitte, auch unserer eigenen.« Ich sitze gut, also bin ich.

Adresse Burchardstraße 6, 20095 Hamburg (Altstadt), Tel. 040/3096920, www.ergoweb.de, E-Mail: ergo@ergoweb.de | **ÖPNV** S 1, 2, 3, 11, 21, 31, U 1, 2, 3, 4, Haltestelle Hauptbahnhof, U 1, Bus 3, 112, 124, Haltestelle Steinstraße | **Öffnungszeiten** Mo – Fr 11 – 13.30 Uhr & 14 – 18 Uhr, Sa 11 – 14 Uhr, vereinbaren Sie einen persönlichen Beratungstermin

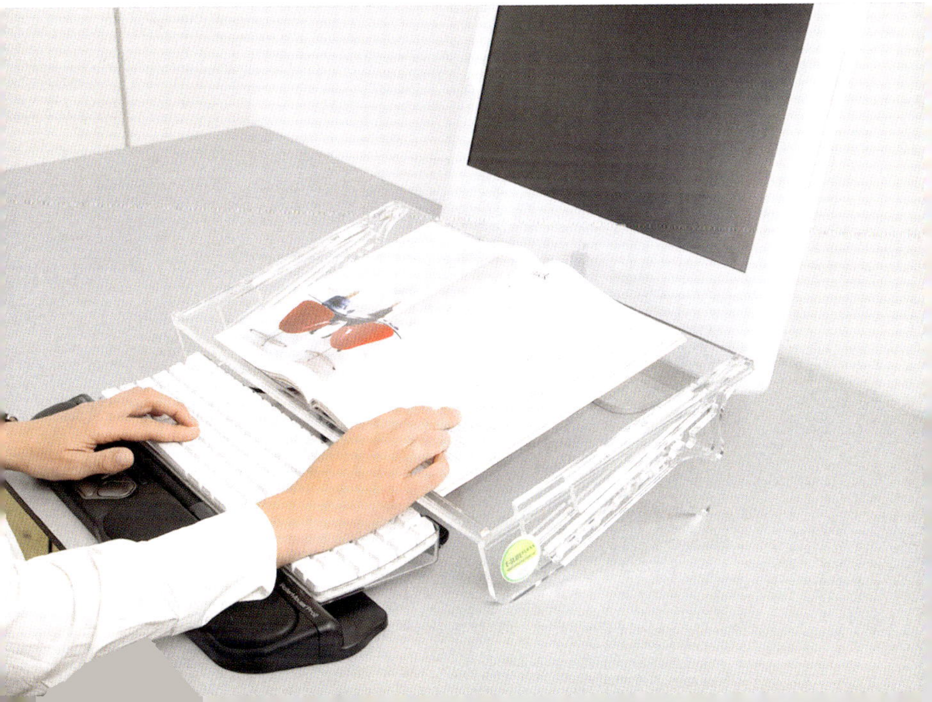

22 — FahnenFleck

Vom Winde geweht

Flagge zeigen ist für Andreas Fleck Beruf – in Hamburg, wo alle öffentlichen Plätze seit 1994 in Lizenz der Stadt von dem in vierter Generation geführten Familienbetrieb beflaggt werden. Urgroßmutter Maria Fleck gründete 1882 eine Stickerei in Hafennähe, in der sie Fahnen und Wimpel der Traditionsvereine mit deren Symbolen verzierte. Auch später wussten die Hamburger, wo das kriegsbedingt an unterschiedlichen Adressen ansässige Ladengeschäft zu finden war.

Die Fahne der eigenen Produktionsstätte, die seit 1975 außerhalb der Stadt lag, wird 2013 wieder nach Hamburg zurückgetragen, wo der führende Anbieter von Flaggen und Symbolartikeln in Deutschland mit rund 60 Mitarbeitern auch wieder produzieren will. Schon seit 2001 ist das Ladengeschäft ein Touristenmagnet: unübersehbar mittendrin in bester Lage am Neuen Wall mit dem besonderen Erlebniswert beim Einkaufen, fast unvermeidbar aufgrund des umfassenden Sortiments an Geschenkartikeln im großzügigen Verkaufsraum.

Feste muss man feiern, wie sie fallen, und so umfasst das Sortiment auch alles für die Umsatz fördernden Tage: phantasievolle Kostüme, bunte Perücken, glänzende Glatzen, venezianische Masken, Pappnasen, Hüte, Schminksets, Spaßartikel. Einfach alles vom Knallfrosch bis zur Knallerbse. In den Beliebtheits-Charts der Kunden wird Halloween dicht gefolgt von Karneval, Weihnachten und Silvester, und auch zum Schlagermove und beim Weißen Dinner stattet man sich hier gern entsprechend aus.

Natürlich dürfen nationale und internationale Fahnen, Fähnchen und Wimpel nicht fehlen, deren große wehende Brüder man bei den Olympischen Spielen 1968 in Mexico und 1972 in München aufgezogen hatte. Dazu Andreas Fleck: »Es konnte uns nur freuen, als bei der Fußballweltmeisterschaft 2006, vielleicht zum ersten Mal nach dem Krieg, auch die deutschen Fußballfans wieder begeistert begannen, Flagge zu zeigen.«

Adresse Neuer Wall 57, 20354 Hamburg (Neustadt), Tel. 040/32085770, www.fahnenfleck.de, E-Mail: neuerwall@fahnenfleck.de | **ÖPNV** S 1, 3 Haltestelle Stadthausbrücke, U 3, Haltestelle Rathaus & Rödingsmarkt | **Öffnungszeiten** Mo – Fr 10 – 19 Uhr, Sa 10 – 18 Uhr

23 Fairretail

Mit gutem Gewissen

Bio is beautiful und duftet. Ein leichter Geruch nach Holz und Bienenwachs und viele bunte Farben, das ist das Erste, was man wahrnimmt, wenn man den kleinen Laden in der Paul-Roosen-Straße betritt. So habe ich mir einen »Bioladen« eigentlich gar nicht vorgestellt; statt langweiliger, mausgrauer Kindermode finde ich hier moderne und farbenfrohe Bekleidung aus Bio-Baumwolle, die sich toll auf der Haut anfühlt, super sitzt und in der das Toben und Spielen ganz viel Spaß machen.

Die Kinderaugen beginnen zu strahlen, wenn der Blick über die Spielzeuge schweift. Der tolle bunte Kipplaster und das Feuerwehrauto sind aus recyceltem Plastik; der Trecker besteht sogar zu 70 Prozent aus Pflanzenstärke und ist somit komplett biologisch abbaubar. Aber auch der bunte Fußball lädt zum Spielen ein, hergestellt aus Naturlatex und produziert in einer Fairtrade-Kooperative – garantiert ohne Kinderarbeit! Und falls die Wachsmalstifte aus Bienenwachs oder die Fingerfarben aus Pflanzenfarben zufällig mit den Händen im Mund der ganz Kleinen landen sollten, ist auch das nicht schlimm: Giftstoffe sind hier nirgends zu finden.

Es ist also möglich: Spielzeug für Kinder und Kleinkinder, das Spaß macht, schön gestaltet ist, Kreativität und Geschicklichkeit fördert und weder Gesundheit noch Sicherheit beeinträchtigt. Wirklich nachhaltiges Spielzeug kann jedoch noch mehr: Es besteht aus recycelten, natürlichen oder nachwachsenden Rohstoffen wie zum Beispiel Holz, Bio-Baumwolle, Wolle oder Pflanzenfasern und ist im Idealfall zu 100 Prozent recycelbar. So einfach ist es, den Kleiderschrank und das Zimmer ihrer Kinder frei von Schadstoffen zu halten.

Bei fairretail erhält man zu jedem Produkt Informationen über Materialien und Herkunft. Damit es den grünen Wald auch noch gibt, aus dem der Geruch nach Holz kommt, wenn unsere Kleinen groß und stark sind und selber verschenken können, was bio und schön zugleich ist.

Adresse Paul-Roosen-Straße 12, 22767 Hamburg (St. Pauli), Tel. 0176/81015683, www.fairretail.de, E-Mail: birte@fairretail.de | **ÖPNV** S 1, 2, 3, Bus 36, 37, Haltestelle Reeperbahn, Bus 283, Haltestelle Paul-Roosen-Straße | **Öffnungszeiten** Di – Fr 10.30 –18.30 Uhr, Sa 10.30 –16.30 Uhr

24__FC St. Pauli-Fanshop
Kurz: Rock'n'Roll

Alles, nur keine dritte Liga: Fan-Artikel des FC St. Pauli werden seit 2011 nicht nur im Stadionshop verkauft, sondern auch auf der sündigsten Meile der Republik – bei nächtlichen Öffnungszeiten. Über dem Eingang des Reeperbahnladens gegenüber den Varieté-Bühnen des früheren FC-St.-Pauli-Präsidenten Cony Littmann steht: »Die Straße trägt St. Pauli«, und der Fanshop steht zu einer lautstarken Fußballkultur. »Rock'n'Roll Football Club«: Gegen diese Bezeichnung hat sich der FC St. Pauli vor acht Jahren einmal gewehrt – mit der Begründung, sie würde den Fußball zu sehr ausblenden. »Okay, wenn wir uns in Sachen FC St. Pauli nur um den rollenden Ball kümmern würden, hätten wir uns ob des großartigen sportlichen Erfolges manchmal längst tief einbuddeln wollen«, sagt Hendrik Lüttmer vom Ladenbetreiber und Merchandise-Vermarkter »Upsolut Merchandising GmbH«.

Was bleibt? Musik – Politik – Engagement – Kiez, kurz: Rock'n'Roll. Es ist auch in den Fanshops zu spüren: Hamburger Kopfsteinpflaster, massive Steintresen, abgewrackte Stahlträger für die Ware. So arbeiten die Shops, auch im wörtlichen Sinne, am Material der Straße. Darf es ein wenig mehr sein? Nein, aber ein wenig verlottert schon.

In den Fanshops finde sich alles, so Hendrik, was diesen Verein so besonders mache, vom einfachen Trikot und Fanartikel über den legendären Totenkopf bis hin zur straßentauglichen Kollektion, denn St. Pauli sei als Stadtteil auch immer Trendsetter in Werbung, Mode und Politik gewesen. So sind die Shops auch stets das, was der Verein ist, mehr als Fußball und mehr als reiner Merchandise-Kommerz. Seit der zweiten Hälfte der 1980er Jahre ist das politische Engagement vieler FC-St.-Pauli-Anhänger mit dem widerständigen Vereinssymbol der Piraten-Totenkopf-Flagge zunehmend sichtbar geworden und hat hörbar mit Slogans provoziert. Etwa so: »Nie wieder Faschismus, nie wieder Krieg, nie wieder dritte Liga«.

Adresse Heiligengeistfeld 1 (direkt in der Südtribüne des Millerntor-Stadions, 20359 Hamburg (St. Pauli), Tel. 040/519009100, Reeperbahn 63–65, 20359 Hamburg (St. Pauli), Tel. 040/689898666, www.fcstpauli.com, E-Mail: fanshop@fcstpauli.com | **ÖPNV** U3, Haltestelle Feldstraße (Stadion), U3, Haltestelle St. Pauli (Reeperbahn) | **Öffnungs-zeiten** Stadion: Mo–Sa 10–18 Uhr, Mi 10–15 Uhr (bei Heimspielen an einem Mittwoch länger geöffnet, bei Heimspielen an Sonn- und Feiertagen: Öffnung jeweils drei Stunden vor Anpfiff – während der Spiele ist der Fanshop jedoch geschlossen), Reeperbahn: Di–Do 12–20 Uhr, Fr & Sa 12–23 Uhr, So 11–18 Uhr (bei Heimspiel oder Feiertag am Montag geöffnet)

25 __ Felix Jud Antiquariat, Buch- und Kunsthandel

Zwischen Tradition und Avantgarde

Hier fegt der scharfe Wind der Luxuswüste. Da hält sich kein Staub, da ist kein Platz für eingeschlafene Händler. Hier werden Lese-Trends seismografisch aufgespürt und entschieden weitervermittelt, mit Autoren und Schauspielern Lesungen veranstaltet, Ausstellungen organisiert und eigene Bücher verlegt. Wer hanseatische Tradition sucht, ist hier richtig: Die Buchhandlung Felix Jud liegt in der edlen Mellin Passage aus dem 19. Jahrhundert, deren Deckenabschnitt vor der Buchhandlung später mit Jugendstil-Motiven ausgemalt wurde. Der Schriftzug einer Unterglasmalerei wirbt für einen Keks. Eine knackige Mischung aus Biskuit und Botticelli.

1923 gründete Felix Jud sein Geschäft unter folgendem Motto: »Allen Verhältnissen zum Trotz – im Glauben an eine bessere Zukunft Deutschlands und im Vertrauen auf das literarisch gebildete Hamburger Publikum – haben wir uns entschlossen, eine neue Buchhandlung zu eröffnen. Sie soll eine Pflegestätte sein für das gute und schöne Buch, für Publikationen über alte und moderne Kunst und für Bücher über Philosophie.«

In der heutigen Buch- und Kunsthandlung steht die individuelle Beratung der Kunden im Vordergrund: »Je subtiler die Aufgabe, desto mehr entfaltet sich unser Jagdinstinkt, Bücher und Bilder herbeizuschaffen, die dann anspruchsvollen Sammlern angeboten werden können. Mit dem Kinderbuch beginnt dies und kann bei Flavius Josephus als Renaissance-Druck von 1584 oder einer Grafik von Emil Nolde enden.«

Bei Felix Jud geht es aber nicht nur um Bücher – um Neuerscheinungen, Erstausgaben und Bibliophiles –, sondern auch um Kunst. Dabei liegt der Akzent auf der Klassischen Moderne. Aber auch Avantgarde von Georges Braque bis Daniel Richter oder zeitgenössische norddeutsche Künstler wie Klaus Fußmann oder Jochen Hein sind hier zu bestaunen. Nein, eine Wüste ist das nicht. Luxus hingegen schon.

Adresse Neuer Wall 13, 20354 Hamburg (Neustadt), Tel. 040/343485, www.felix-jud.de,
E-Mail: kontakt@felix-jud.de | ÖPNV S 1, 2, 3, U 1, 2, 3, 4, Haltestelle Jungfernstieg |
Öffnungszeiten Mo – Fr 10 – 18.30 Uhr, Sa 10 – 16 Uhr

26 Stefan Fink Schreibgeräte

Die 10.000-Jahre-Pinsel

»Was ist schön?«, lautete einst die Frage an den bekannten Lackmeister Kado Isaburô. Die Antwort: »Die Füller von Stefan Fink.« Nicht nur in Japan stößt man auf Enthusiasmus, wenn von Finks haptischem Kunsthandwerk die Rede ist, aber von dort stammt er. »10.000-Jahre-Pinsel« bedeutet das japanische Wort für Füllfederhalter.

Im Land der aufgehenden Sonne, wo Stefan Fink ein Star ist und seine Schreibgeräte hohes Ansehen genießen, glaubt man, es seien Glücksbringer. »Koppel 66« heißt das Haus in der Langen Reihe, in dem 20 Künstler in zwölf publikumsoffenen Werkstätten arbeiten. In seinem Atelier drechselt Stefan Fink sinnliche Dinge mit der für ihn typischen puristischen Eleganz. Hier haben schon Besucher aus aller Welt ihr Lieblingsstück entdeckt: Füllfederhalter für die individuelle Signatur, Skizzierstifte für schwungvolle Linien oder Tintenroller für geschmeidige Notizen.

Die von Stefan Fink hergestellten Handschmeichler aus feinsten Hölzern bestechen durch ein klares Design. Aus Rosenholz, Grenadill Amaranth, Buchsbaum, Palisander, Pernambuk oder Mooreiche fertigt er ästhetisch und technisch hochwertige Edelprodukte, die als beseelte Luxusgeschöpfe besser bezeichnet wären denn als Schreibgeräte. Dabei ist ein achtsamer Umgang mit dem natürlichen Werkstoff Holz Finks Hauptaugenmerk. In dieser Werkstatt entstehen Unikate, die Menschenleben begleiten. Die Füllfederhalter tragen Namen wie »Albatros«, »Milan«, »Nachtigall« oder »Star«, und ihre Federn sind aus 18 Karat Gold. Für seine Arbeiten wurde Stefan Fink 2004 mit dem Bayerischen Staatspreis und 2005 mit dem Justus Brinckmann Preis ausgezeichnet.

Da es fünf Jahre dauern kann, bis ein solches Einzelstück verkaufsfertig ist, schmückt Fink seine Website mit einem Zen-Spruch: »Die Geduld nicht zu verlieren, auch wenn es unmöglich erscheint, das ist Geduld.« Für Schönes bringt man sie auf.

Adresse Koppel 66, 20099 Hamburg (St. Georg), Tel. 040/247151 & 0172/4131037, www.stefanfink.de, E-Mail: fink@stefanfink.de | **ÖPNV** S 1, 2, 3, 11, 21, 31, U 1, 2, 3, 4, Haltestelle Hauptbahnhof, U 1, Haltestelle Lohmühlenstraße | **Öffnungszeiten** Mo−Sa 11−20 Uhr

27_Fischhandel Heidi Fisk

Ein guter Fang

Saturday Night Fever? »Ob es die anderen Marktkollegen, die letzten Nachtschwärmer oder die ersten Fischmarktbesucher sind, sie alle sind von unserer Qualität und guten Laune begeistert«, so Fische-Frau Heidi Meyer, Inhaberin von »Heidi Fisk«.

Samstagabends oder sonntagnachts stehen an der Großen Elbstraße Verkaufsanhänger, die mit Ware gefüllt werden, vor den Kühlhallen der Fischmarkt Hamburg-Altona GmbH, wo jährlich rund 36.000 Tonnen Frischfisch und Meeresfrüchte ihre Abnehmer finden. Ein Teil davon wird ab fünf Uhr in der Früh direkt auf dem seit 1703 bestehenden sonntäglichen Hamburger Fischmarkt an der Elbe feilgeboten. Unter den etwa 300 Marktteilnehmern sind zehn bis 15 Fischverkäufer, die vom Verkaufsanhänger, Verkaufsstand oder vom Kutter aus einen guten Fang versprechen.

Heidi Meyer, die in gepachteten Hallen seit 1987 einen von Vater Karl Meyer einst als »Fisch-Kalli« gegründeten Fischgroßhandel betreibt, hat auf dem Fischmarkt seit 2004 ihren Fischimbiss. Der Großhandel ist wochentags von 23 Uhr bis circa 9 Uhr geöffnet: diese etwas außergewöhnlichen Zeiten ergeben sich daraus, dass in der Nacht die frische Ware angeliefert, zerlegt, filetiert und für den Verkauf konfektioniert wird. Die Ware im Fischgroßhandel bezieht sie zu 80 Prozent aus Dänemark, den Rest aus Island, Norwegen und heimischen Gewässern. Dafür hat sie ihre Gründe: »Wichtiger als exotischen Fisch anzubieten ist es uns, nachhaltig zu handeln in der Wahrung von Schon- und Laichzeiten beim Fischfang. Daher legen wir Wert darauf, Ihnen vor allem Fisch aus der Region anzubieten.«

Zu den Kunden von Heidi Meyer gehören neben vieren ihrer Brüder viele Einzelhändler, Restaurants, Kindergärten und Privatkunden. Ein Großteil der Stammkunden bestellt vorab die Ware und holt sie in den frühen Morgenstunden ab. »Wir arbeiten nach der Devise: Bei uns soll der Kunde wiederkommen und nicht die Ware.« Nacht für Nacht.

Adresse Große Elbstraße 133, 22767 Hamburg (Altona), Tel. 040/381248/49, www.heidi-fisk.de, E-Mail: heidi-fisk@t-online.de | **ÖPNV** S 1, 3, Haltestelle Königstraße, Bus 112, Haltestelle Fischmarkt, Fähre 62, Haltestelle Fischmarkt | **Öffnungszeiten** Mo–Sa 23–9 Uhr, jeden Sonntag 2.30–10.30 Uhr auf dem Hamburger Fischmarkt, Große Elbstraße 9, 22767 Hamburg

Makrelenfilet im Brötchen 2,50 €

Seelachsschnitzel im Brötchen 2,50 €

Bismarck im Brötchen 2,50 €

28___FrischeParadies

Edel verpflichtet

Am Hamburger Fischmarkt gibt es – Fisch! Das ist so weit jedem klar. Doch hinter den Türen des FrischeParadieses verbirgt sich heute viel mehr. Der alteingesessene Fischgroßhandel Goedeken wurde 2001 von der FrischeParadies-Gruppe mit weiteren Standorten in Deutschland und Österreich erworben. Ursprünglich auf die Belieferung der Top-Gastronomie und Hotellerie spezialisiert, öffnete sich der Delikatessenmarkt auch dem Endverbraucher. Dazu wurde die Hälfte der alten Packhalle komplett entkernt; in der Mitte entstand ein zentraler Raum für den Abholermarkt.

Mit über 5.000 Produkten ist die Vielfalt auf 700 Quadratmetern unvergleichlich. Wer im FrischeParadies angekommen ist, kann sich auf eine Reise durch alle Facetten des Geschmacks machen. Sie sollten sich warm anziehen – denn Frische bedeutet Kühlung! Drei Kühlräume gibt es, jeweils für Obst und Gemüse, für frische Pasta, Pasteten, Käse und Schinken und für Fleisch und Geflügel.

Das Herz des Marktes jedoch bildet die neu eröffnete Fischtheke. Vor einem handbemalten Fliesenspiegel mit detaillierten Fischmotiven liegen über 60 verschiedene Sorten Fisch in der acht Meter langen Auslage. Fisch und Seafood aus der Bretagne, mit kleinen Booten täglich an der französischen Küste angelandet, finden sich innerhalb von 48 Stunden in der Theke wieder.

Nachhaltig gefangene Fischfilets und Fischloins – die grätenfreien, feinsten Stücke des Fischs – aus den kalten, klaren Gewässern rund um Island, die per Flugzeug auf direktem Wege hierhergelangen oder, wie im Fall des Premium-Lachsfilets aus Schottland, über das Fischumschlagszentrum in Bremerhaven, ergänzen das Sortiment rund um die Fische und Filets aus den Boddengewässern in Mecklenburg-Vorpommern. Wer im Hamburger »Fischparadies« jedoch nicht nur shoppen, sondern gleich genießen möchte, lässt sich ganz einfach im hauseigenen Bistro nieder. Alles edel! Alles frisch!

Adresse Große Elbstraße 210, 22767 Hamburg (Altona), Tel. 040/389080, www.frischeparadies.de, E-Mail: bestellung-hamburg@frischeparadies.de | **ÖPNV** S 1, 2, 3, Bus 111, Haltestelle Königstraße | **Öffnungszeiten** Mo–Fr 9–19 Uhr, Sa 9–16 Uhr

29 __ Fromage & Bistro Alsterhaus

Von der besten Seite

Absolut Käse! Das wissen sogar die Hoheiten. Beim 75. Jubiläum im Jahr 1987, als Prince Charles und Lady Diana im Alsterhaus königlich empfangen wurden, war Hannelore Nägele dabei. »Damals verkaufte ich neben einem großen Tresen meine kleine Auswahl von Rohmilchkäsen, darunter viele Ziegenkäse, die ja auch ein schönes Aussehen haben.«

In seiner bewegten Geschichte hat das Alsterhaus am Jungfernstieg viel erlebt. Bei seiner Gründung am 24. April 1912 als »Warenhaus Hermann Tietz« war das vielfältige Angebot Stadtgespräch und wurde bald zu einer Hamburger Institution. Zwei Weltkriege hat das Haus architektonisch nahezu unversehrt überstanden. Die jüdische Familie Tietz jedoch musste, wie viele andere auch, vor den Nazis ins Ausland fliehen. Der opulente äußere Schein indes überstrahlt alles, auch die Vergangenheit. Als man nach einer weiteren großen Renovierung 2005 wiedereröffnete, war die 7,50 Meter hohe Fensterfront schöner denn je.

An der Seite seiner Mutter bietet seit zwölf Jahren auch Daniel Broichhagen am Tresen von Fromage & Bistro 120 Rohmilchkäsesorten an, und mit dieser exquisiten Auswahl ungeahnte Entdeckungsmöglichkeiten. Alle Käsespezialitäten können gleich an Ort und Stelle verköstigt werden. Mutter und Sohn stimmen überein: »Vielleicht ist besonders, dass wir uns wirklich mit unserem Käse auskennen. Er wird geliebt und behandelt, wie es ihm genehm ist – der eine nicht so kalt, der andere ohne Papier … Wir kennen sie und wissen, wie sie ihre beste Seite zeigen und ihren Geschmack optimal entfalten.« So ist es nicht verwunderlich, dass 80 Prozent der Kunden mit Namen angesprochen werden und ihnen auch schon mal ein Käse zurückgelegt wird. Diese Fachkenntnis zusammen mit zwanglosem Kundengespräch wird von den Gästen sehr geschätzt und durch Orden französischer Käsegilden prämiert. Luxus kann eben Käse sein.

Adresse Jungfernstieg 16–20, im Alsterhaus, 20354 Hamburg (Neustadt),
Tel. 040/35901124, www.alsterhaus.de/de/gourmet/content/fromage-bistro, E-Mail:
service@alsterhaus.de | **ÖPNV** S 1, 2, 3, U 1, 2, 3, 4, Haltestelle Jungfernstieg | **Öffnungs-**
zeiten Mo–Sa 10–20 Uhr

30 Galerie Hafenliebe

Friends Forever

Unter Feunden: Mitten in der Hafencity bezaubert uns seit 2011 eine kleine verwinkelte Galerie mit moderner Steinbildhauerei aus Simbabwe. Daneben gibt es Wechselausstellungen aus den Bereichen Fotografie und Malerei internationaler KünstlerInnen.

Zu den permanenten afrikanischen Gästen gehören Basaltskulpturen, mal mit glatter, schwarz glänzender, mal mit rauer Oberfläche, geschaffen von Altmeistern wie Sylvester Mubayi, Enos Gunja und Ephraim Chaurika, deren Arbeiten die Tradition der international bekannten und seit den 1960er Jahren bestehenden Künstlerkolonie Tengenenge begründeten. Ausgestellt werden auch Arbeiten jüngerer Künstler wie Godfrey Kututwa, Bywell Sango und Taguma Mukomberanwa. Das Angebot beruht auf Freundschaft, denn die Galerie arbeitet direkt mit einer Initiative namens »Friends Forever« zusammen, die zur Selbstvermarktung der Kunst gegründet wurde.

»Nun, da Henry Moore tot ist, wer ist der beste Bildhauer der Welt? Meiner Meinung nach gibt es drei hervorragende Bewerber und alle drei stammen aus Simbabwe«, schrieb die Londoner Art Review 1988 – und dies gilt für den Galeristen Bernd Lahmann auch heute. Er hält persönlichen Kontakt zu den afrikanischen Künstlern und hat sich inzwischen selbst der Steinbildhauerei verschrieben.

Seine Partnerin, die Architektin Iris Neitmann, die sich im Wohnungsbau einen guten Namen gemacht hat und für das Galeriegebäude viel Anerkennung findet, kuratiert die Einzelausstellungen an den Wänden der Galerieräume mit: Malerei in Öl oder Acryl auf Leinwand von Künstlern wie Richard Witikani, Peter Grochmann, Alice Kaufmann oder Maggie Weld, im Wechsel mit faszinierenden Fotoarbeiten etwa der Künstler Heiner Leiska und Tilman Rösch. Die Galerie bietet umfassende Information über die Künstler und ihre Arbeiten sowie persönliche Beratung und Unterstützung bei der Hängung oder Aufstellung vor Ort. Ganz wie bei Freunden.

Adresse Am Dalmannkai 4, 20457 Hamburg (Hafencity), Tel. 0170/8042140, www.galerie-hafenliebe.de, E-Mail: mail@galerie-hafenliebe.de | **ÖPNV** U 4, Haltestelle Überseequartier, Bus 111, Haltestelle Am Dalmannkai | **Öffnungszeiten** Fr & Sa 15–19 Uhr, So 12–17 Uhr

31 Galerie Maritim

Kleine Schiffe auf großer Fahrt

Sie sind »Shiplover«? Dann wissen Sie: Es müssen nicht immer die großen Pötte sein. Wenn Birgit Schwarz, Inhaberin der Galerie Maritim, morgens die Tür zu ihrem Geschäft aufschließt, hört sie zwar den Turmbläser vom Michel, der zur Begrüßung der Seeleute auf den immer gigantischeren Schiffen in alle vier Himmelsrichtungen trompetet – aber es geht auch klein und fein.

In ganz anderem Maßstab als der Hamburger Hafen nämlich präsentiert sich die Galerie Maritim. Auf Regalen und in Vitrinen liegen sie Schiffsseite an Schiffsseite: die Miniaturnachbildungen großer Vorbilder. Birgit Schwarz »steuert« die Miniaturen im einheitlichen Maßstab 1:1250 bereits seit über 30 Jahren. »Unsere Kunden sind eingefleischte Sammler aus aller Welt, ehemalige und noch aktive Fahrensleute oder andere der Seefahrt und dem Seehandel irgendwie verbundene Menschen, die eines gemeinsam haben: Sie sind Shiplover«, sagt Birgit Schwarz über das weltweit verbreitete Hobby.

In der kleinen Ladengalerie können interessierte Kunden in Ruhe aus den von geschickten Modellbauern in Handarbeit hergestellten Mini-Originalen wählen, vom antiken Ruderschiff bis zum Containerriesen. Auch »Secondhand-Tonnage« ist reichlich im Angebot, fachliche Beratung und Expertenwissen inklusive. »Sammler fühlen sich hier wie die Katze im Fischladen«, sagt Birgit Schwarz.

Die Gemälde zeitgenössischer Marinemaler an den Wänden und die vielen, besonders bei Touristen beliebten »Mitbringsel«, vom Buddelschiff bis zur Nachbildung von Fahrwassertonnen, geschickt auch im Schaufenster platziert, vermitteln Neulingen wie Kennern das spezifische Wohlfühlklima. »Nichts ist schöner als die erstaunten und begeisterten Gesichter, wenn Passanten den Laden zum ersten Mal entdecken«, sagen die Eheleute Schwarz übereinstimmend, und es macht ihnen nach vielen Jahren offensichtlich noch immer Freude. Shipaholics ahoi!

Adresse Martin-Luther-Straße 21, 20459 Hamburg (Neustadt), Tel. 040/364312, www.galerie-maritim.de, E-Mail: galerie.maritim@t-online.de | ÖPNV S 1, 2, 3, Haltestelle Stadthausbrücke, U 3, Haltestelle Baumwall & Rödingsmarkt, Bus 37, Haltestelle Michaeliskirche | Öffnungszeiten Mo–Fr 10–14 & 15–18.30 Uhr, Sa 10–16 Uhr

32 __ Genuss Speicher
Besser als in Frankreich

Im einzig erhaltenen Gewölbekeller der Speicherstadt wird nach alter hansischer Tradition eine Rotwein-Spezialität neu belebt – der Rotspon. Das Weinlager gehört zum im April 2013 eröffneten Genuss Speicher. Im Hochparterre beeindruckt der Raum mit seinem Eichenholzgebälk und einer Ausstellung zum Handel mit Genussmitteln, beginnend beim Bierhandel in der Hansezeit und endend mit den Kolonialwaren Kakao, Kaffee und Gewürzen. Alle Produkte können vor Ort probiert und im Laden gekauft werden: eigene Kaffeeröstungen, Tee- und Gewürzmischungen, Kakao und Schokolade aus regionaler Herstellung.

Eine besondere Rolle spielt die Lagerung von Rotwein. Als französische Soldaten unter Napoleon 1806 die norddeutschen Hansestädte besetzten und in den Weinkellern Weine aus ihrer Heimat tranken, stellten sie zu ihrem Erstaunen fest, dass die Weine besser schmeckten als in Frankreich. Die Erklärung: Die Kaufleute konnten bessere Fässer einsetzen als viele der meist armen Weinbauern. Das Holz der teuren Eichenfässer gab dem Wein aber nicht nur Tannine, sondern auch Würze und Vanillearomen, und so nannte man ihn »Rot Spon«. Schon an der Planung der Speicherstadt waren Hamburger Weinhändler beteiligt. Sie wollten ihre Weine ebenfalls zollfrei lagern und finanzierten den Speicherblock B sogar allein. Noch bis zur Sturmflut-Katastrophe von 1962 wurden Lager in der Speicherstadt entsprechend genutzt.

Hamburger Rotspon muss aus Frankreich kommen und im Holzfass mindestens drei Monate in Hamburg gelagert werden. Auch das Verschneiden der verschiedenen Rebsorten einer Lage und das Abfüllen auf Flaschen muss in Hamburg stattfinden. Ideengeber und Geschäftsführer Frank Stricker: »Unser fruchtbetonter, strukturierter und kraftvoller Rotspon Grand Cuvee bietet dem Weinkenner durch seine herrliche Länge am Gaumen ein besonderes Erlebnis.« Der Weingott sitzt nicht nur in Frankreich.

Adresse St. Annenufer 2, 20457 Hamburg (Speicherstadt), Tel. 040/30380280, www.genuss-speicher.de, E-Mail: info@genuss-speicher.de | **ÖPNV** U 1, Haltestelle Meßberg, U 4, Haltestelle Überseequartier | **Öffnungszeiten** Di–So 10–17 Uhr

33__1001 Gewürze
Hamburg macht scharf

Immer der Nase nach! Wer diesem Motto folgt, wird in Barmbek belohnt. Dort liegt versteckt in einem Gewerbehof ein Paradies der Sinne. Der Name der Manufaktur »1001 Gewürze« erinnert nicht zufällig an Tausendundeine Nacht: Hier vereinen sich Düfte von Koriander, Ceylon-Zimt und Kardamom zu einem Potpourri, das den Mund sofort wässrig macht. Hungrig hierherkommen? Nur auf eigene Gefahr!

Täglich produzieren die Mitarbeiter die Gewürzmischungen in kleinen Chargen frisch. »Unsere Erfolgsrezeptur besteht aus vier Zutaten«, erzählt Geschäftsführerin Katharina Wilck. »Erstens verwenden wir ausschließlich beste Rohgewürze, sparen nie beim Einkauf. Zweitens produzieren wir auftragsbezogen frisch – so erhalten unsere Kunden die Mischungen quasi auf dem Höhepunkt ihres Aromas. Punkt drei ist die Nase meiner Mutter Bettina Matthaei – sie hat einfach die seltene Gabe, Aromen perfekt zu kombinieren.«

Und Nummer vier? »Eine große Portion Liebe. Zu finden in jeder einzelnen Dose.« So sind seit Gründung des Familienunternehmens 2003 schon über 300 verschiedene Kompositionen entstanden: Vom bodenständigen »Potato Spice« über das coole Trio »Hamburg macht scharf!« bis hin zu »Sushi's Secret« wird hier jeder kulinarische Wunsch erfüllt. Geschmacksverstärker, Farb- oder Konservierungsstoffe sind dabei tabu. Die hohe Qualität hat sich bis in höchste Gourmet-Kreise herumgesprochen: So gewann 1001 Gewürze 2011 den Förderpreis der Gastro Vision. Besucher dürfen vor Ort Zeugen beim Mahlen, Wiegen, Mischen und Abfüllen sein und sich beim Kauf durch alle Sorten schnuppern.

Geschenkideen werden ebenfalls angeboten, und wer die Nase noch tiefer eintauchen möchte, kann eines der Gewürz-Seminare buchen: Die werden in regelmäßigen Abständen zu verschiedenen Schwerpunkt-Themen angeboten, inklusive Workshop und verschiedenen Köstlichkeiten. Schön spicy, aber das versteht sich von selbst.

Adresse Geierstr. 1, 22305 Hamburg (Barmbek), Tel. 040/80601271, www.1001gewuerze.de, E-Mail: info@1001gewuerze.de | **ÖPNV** S 1, Haltestelle Barmbek, U 3, Haltestelle Barmbek, Bus 23, Haltestelle Lämmersieth | **Öffnungszeiten** Di & Mi 9.30 – 16.30 Uhr, Do 16.30 – 18.30 Uhr

34 Luis Gimeno

Patina – Die Nostalgie des Leders

Durch den vorderen Teil des Ladens läuft auf einem Drahtseil ein bunter Vorhang. Wenn Luis Gimeno ihn zuzieht, gehört der hintere Teil des Werkstattladens zu seinem privaten Bereich, der kleinen Wohnung hinter dem Verkaufsraum. 1995 ist Gimeno nach Hamburg gekommen, als Arbeiter, der Liebe wegen. In Barcelona war er zehn Jahre lang in einer Ledermanufaktur für Motorradbegeisterte tätig gewesen, schließlich auf Wanderschaft gegangen und betreibt nun – seit 2006 – die kleine Lederwerkstatt am Schulterblatt.

Im Verkaufsraum gibt es Ausstellungsflächen für alte Dinge aus Leder wie etwa Aktenkoffer verschiedener Größe, die pyramidenförmig um eine Buffetuhr gestapelt sind. Vieles steht kreuz und quer herum. Einige der alten Ledersachen kann er noch verkaufen. Andere, vielleicht die größere Zahl, dienen als Ersatzteile für Reparaturen. Auf einem Nähtisch steht eine alte Singer. An einem anderen Arbeitsplatz findet man eine in Paris antiquarisch gekaufte wuchtige schwarze Fortuna Schleifmaschine.

Reparaturen nehmen einen großen Teil der Arbeitszeit in Anspruch. Mancher Schatz landet wegen jeder Vergeblichkeit einer Bemühung im Ersatzteillager.

Aus gutem altem Leder macht Luis Gimeno Neues. Dabei unterhält er sich gern wie ein alter Schuster mit den Kunden. Er restauriert Erbstücke wie Zigarrenetuis oder Aktentaschen und schafft moderne Lederunikate. Alte Lieblingsstücke werden hier in mühseliger Arbeit wiederhergestellt, neue Unikate entstehen wie die individuelle Handtasche oder Gürteltasche nach ganz persönlichen Vorstellungen. Darüber hinaus fertigt Gimeno Lederunikate für die Filmrequisite und repariert Fundstücke von Antikmärkten. Die Etuis für Handys und iPads etwa schmeicheln der Hand und sind äußerst fein gearbeitet. Entsprechend edel sehen sie aus. Patina – das ist Nostalgie aus Barcelona.

Adresse Schulterblatt 133, 20357 Hamburg (Schanzenviertel), Tel. 040/21057706, www.leder-luis.de, E-Mail: info@leder-luis.de | **ÖPNV** S 11, 21, 31, U 3, Haltestelle Stern-schanze, Bus 15, Haltestelle Schulterblatt | **Öffnungszeiten** Mo – Fr 10–13 & 15–19 Uhr

35 Dr. Götze Land & Karte

Die Welt in allen Maßstäben

»Zwischen New York, Rio und Quakenbrück«, so flapst ein eigener Werbespruch: Der Spezialladen für geografische Informationen befindet sich seit 2001 wieder dort, wo er 1946 von Andreas Götze eröffnet wurde. In diesem Jahr entging das Traditionsgeschäft der Insolvenz, seither ist der bekannte Laden für Bücher, Karten und Reisen im Besitz von Farhad Vladi, der mit Inseln in aller Welt handelt. Der portugiesische Geschäftsführer Dr. Pedro M. Arez, ein freundlicher älterer Herr, gibt ein Zitat aus dem Jahr des Neustarts wieder: »Bei mir wird man Karten bekommen, auf denen auch die kleinste Flussinsel im Nil oder die entlegenste Fidji-Insel zu finden sein wird.«

Vladi sei in den 1970er Jahren selbst ein guter Kunde gewesen, denn er begann damals, weltweit Inseln zu verkaufen und zu vermieten und brauchte Unterlagen für seine Reisen. »Kartografie und Landnahme gehören seit Jahrtausenden zusammen.«

Der größte Karteneinzelhändler Deutschlands stapelt in den Geschäftsräumen mit sieben Schaufenstern auf 500 Quadratmetern Karten und Messkarten – die Welt in allen Maßstäben. Natürlich gibt es passend zum umfangreichen Kartenangebot auch Kompass-Modelle und modernste GPS-Navigationsgeräte.

Das Kartenwerk erstreckt sich über Raum und Zeit. Dr. Arez: »Vladi war immer schon ein begeisterter Sammler antiker Karten und besitzt eine eigene vorzügliche Sammlung.« So finden Liebhaber die Wände eines der Räume über und über mit antiken Kupferstichkarten und den Werken großer Kartenmacher aus dem 16. bis 18. Jahrhundert bedeckt. Sie stammen aus antiquarischen Atlanten und geben alte Welt- und Stadtansichten wieder – wie auch die erste und älteste Ansicht Hamburgs, ein Kupferstich von Braun und Hogenberg aus dem Jahr 1557. Wer sich das Original nicht leisten mag, bekommt aus eigener Werkstatt gut gearbeitete Reprints. Maßstabgetreu.

Adresse Alstertor 14–18, 20095 Hamburg (Altstadt), Tel. 040/3574630, www.landundkarte.de, E-Mail: info@landundkarte.de | **ÖPNV** S 1, 2, 3, U 1, 2, 3, 4, Haltestelle Jungfernstieg, U 3, Haltestelle Mönckebergstraße, Bus 3, 5, 6, Haltestelle Gerhart-Hauptmann-Platz | **Öffnungszeiten** Mo–Fr 10–19 Uhr, Sa 10–18 Uhr

36 Die Gummitanke

Wie angelt man den tollsten Hecht?

Angeln gehört zu Hamburg wie Bergsteigen in die Alpen, Wasser gibt es ja schließlich genug, und angeln kann man hier fast überall bei einem beachtlichen Fischreichtum. Braucht man mal wieder Ködernachschub, geht es zum »Gummitanken« – womit die Gummiköder gemeint sind – in die Gummitanke.

Der kleine charmante Eckladen ist nur ein paar Wurfweiten von Alster und Elbe entfernt, die Autobahn Richtung Angelparadiese Nord-, Ostsee und Skandinavien liegt ebenso nah. In Hamburg gibt es jede Menge Angelgeschäfte, aber die Gummitanke genießt schlichtweg Kultstatus. Anfang der 2000er Jahre von Herzblut-Angler Thomas Kubiak eröffnet, baute er als einer der Ersten mit wechselndem Team auf den neuen Trend Gummiköder. Das Erfolgsrezept der »Tanke«: Immer Zeit für einen lockeren Angel-Klönschnack bei Gratis-Kaffee und eine durch und durch ehrliche, zwanglose Beratung.

Im Jahr 2010 verstarb Kubiak ganz plötzlich, und die Kundschaft war bestürzt. Das Ende der lieb gewonnenen Tanke? Nur wenig später war sie wieder da – mit einer Frau als neuer Inhaberin. Die quirlige Ulla Meyer, Mittdreißigerin, eigentlich studierte Germanistin und freie Journalistin, geriet an den Laden wie die Jungfrau zum Kinde und trat in nicht gerade kleine Fußstapfen. Gemeinsam mit ihrem cleveren Lebenspartner und fachkundigen Saison-Aushilfen wurde sie dennoch schnell die neue gute Seele des Hauses.

Und in der Gummitanke gibt es weit mehr als – nur – Gummi. Neben vielen bunten Kunstködern für das Raubfisch- und Meeresangeln auf Zander, Barsch, Hecht, Forelle und Dorsch werden ebenso Ruten, Rollen, Schnur, Haken, Blei und allerlei notwendiges Zubehör verkauft. Nicht selten trifft man sogar noch jemanden vom Team nach Feierabend an und kann noch mal eben eine Runde Angelsachen »tanken«. Einen Kaffee bekommt man jederzeit auch noch immer gern, ganz wie in alten Zeiten. Und dann ab zu den dicken Fischen.

Adresse Mühlendamm 2, 22087 Hamburg (Hohenfelde), Tel. 040/25490242, www.gummitanke.de, E-Mail: info@gummitanke.de | **ÖPNV** U 1, 3, Haltestelle Lübecker Straße | **Öffnungszeiten** Mo–Fr 10–19 Uhr, Sa 9–16 Uhr

37 — Hamburger Tauwerk-Fabrik

Seemannsgarn

Alles vom Feinsten, ob geflochten oder gewebt von deutschen Quali-
tätsfabrikaten. Aber »Tageltüch« gibt es nicht in dem Spezialladen für
Taue, Seile und Schnüre. »Unter Tageltüch verstand man früher in noch
ländlichen Gebieten Hamburgs aufgetakelte Städterinnen, die in die
Sommerfrische kamen«, erzählt der aus Blankenese stammende Inhaber
Knut Kaeding. Neuerdings ist der Betrieb mit seinen Räumen an die in
Hamburg als »Jachtmeile« bekannte Straße gezogen, weil – in Hafennä-
he gelegen – traditionell einige Geschäfte des Segelsports ansässig sind.

Wo der Laden 1901 ursprünglich eröffnete, ist ebenso in Verges-
senheit geraten wie die Frage, ob es am Anfang ein richtiges Taue-
werk gab. »Ich vermute«, sagt Knut Kaeding »es war wie heute auch
ein Geschäft, in dessen eigener Werkstatt Tauzeug und Seile für den
jeweiligen Gebrauch fertiggestellt wurden.«

Darauf ist man auch heute spezialisiert: Konfektionierung sämt-
licher Tauwerke und Drahtseile durch die Endverpressungen auf
Drahtseilen beziehungsweise Spleißen in sämtliche Tauwerkarten,
Erneuern von stehendem und laufendem Gut für Segeljachten, angefangen bei Ruderbooten und Segeljollen bis hin zu Festmachern
für Hafenbarkassen. »Durch langjährige eigene Erfahrung auf internationalen Segelwettbewerben«, so der gelernte Segelmacher,
»finden wir rasch passende Lösungen.«

Es gibt auch Kletterseile, Netze und Schaukeln für Kinderzimmer
und Gärten, Edelstahlprodukte wie Schäkel und Karabiner, Umlenk-
rollen, Schrauben und Bolzen, komplette Ranksysteme für Fassaden-
begrünung. Tauwerk für Schaufensterdekorationen internationaler
Unternehmen wird per Spedition nach ganz Europa geliefert. Der
Renner im täglichen Geschäft: geflochtene bunte Schnur zum Basteln
von Schlüsselanhängern. Fachberatung und stets gute Laune lassen
viele Stammkunden häufig wiederkommen, auch wegen der »Schna-
ckerei«. Keine Frage, das gehört zum Sortiment: Seemannsgarn.

Adresse Rödingsmarkt 39, 20459 Hamburg (Neustadt), Tel. 040/327490, www.htf-hh.de, E-Mail: info@htf-hh.de | **ÖPNV** U 3, Haltestelle Rödingsmarkt | **Öffnungszeiten** Mo – Fr 9 – 18 Uhr

38__Hansekind
Baby im Glück

Unternehmergeist und Erfolg im Baby-Glück liegen zwischen Rasseln und Stramplern.

Im Juni 2013 feierte Constanze Samson das vierjährige Bestehen ihres Geschäftes im Levantehaus, wo sie Kindermöbel und Accessoires ihres 2006 gegründeten maritimen Labels Hansekind verkauft. Sie wusste schon als Jugendliche, dass sie unbedingt eine Familie *und* ein Modelabel haben wollte.

So kam es dann auch – und auch genau in dieser Reihenfolge. Als es an die Ausstattung für den Nachwuchs ging, mangelte es an schönen Textilien und Möbeln für die Kleinsten. So machte sie sich zunächst als Fassmalerin selbstständig und verschönerte individuell gefertigte Kindermöbel in der Tischlerei ihres Mannes. Schließlich folgten die ersten Textilien, die sie unter anderem in einem kleinen Ausstellungsraum verkaufte. Der Verkauf der Produkte übers Internet lief vor allem im norddeutschen Raum sehr gut an und breitete sich rasch über das ganze Land und Europa aus. Von liebevollen Geschenken zur Geburt oder Taufe über die Baby-Erstausstattung bis hin zu Namensschildern, Lampen und Kindermöbeln gibt es alles, was das Herz von werdenden Eltern, Großeltern und Paten begehrt.

Die Entwürfe im maritimen Stil sind praxiserprobt, handlich und einzigartig: »Alle Produkte habe ich selbst an meinen zwei Jungs getestet. Artikel, die sich als unpraktisch erwiesen haben oder gar die Gesundheit des Kindes gefährden könnten, werden Sie hier nicht finden.« Auf die Qualität aller verwendeten Materialien und deren Verarbeitung legt Samson größten Wert, ebenso wie auf die Bedingungen der Fertigung. »Ich möchte Eltern helfen, ein gutes Gefühl zu haben, wenn sie für ihren Nachwuchs einkaufen.« Alle Stoffe sind deshalb »Öko Tex 100«-geprüft. Zusätzlich gibt es eine eigene Bio-Baumwoll-Serie, die das Siegel »Global Organic Cotton Standard« trägt. Ein Hansekind wird vor allem eines sein: ein Baby im Glück.

Adresse Mönckebergstraße 7 (Levantehaus), 20095 Hamburg (Altstadt), Tel. 040/41119032, www.hansekind.de, E-Mail: service@hansekind.de | **ÖPNV** S 1, 2, 3, 11, 21, 31, Haltestelle Hauptbahnhof, U 3, Haltestelle Mönckebergstraße | **Öffnungszeiten** Mo 10–19 Uhr, Di–Sa 9–19 Uhr

39 Harry's Hamburger Hafenbasar & Museum

Schrumpfköpfe und Glücksgefühl

Wenn Harry das noch erlebt hätte. Vom Land aufs Wasser – eine Institution zieht um: Neuerdings liegt im Traditionsschiffhafen der HafenCity der 70 Jahre alte Schwimmkran »Greif«, der nach Innenausbau in 33 Kammern für alle Objekte des in Hamburg weithin bekannten Hafenbasars eine tolle Ausstellungsfläche bietet.

Dr. Gereon Boos hat den Kran erworben und »mit viel Herzblut und Muskelkater« restauriert. Heute wie damals – 1952, als alles anfing – stellt Harrys Hafenbasar eine Mischung aus Verkaufsraum und Museum dar. Von den rund 365.000 Exponaten, die zum großen Teil im Bauch des Schwimmkörpers präsentiert werden, sind etliche nicht mehr verkäuflich, etwa weil einige Tierpräparate unter das Artenschutzabkommen fallen.

Wohin das Auge blickt: Skulpturen, Masken, ein bestickter Wandteppich, Kalagas genannt, aus ehemals Burma, auf dem ein wild fauchender Tiger eindrucksvoll Zähne zeigt … »Wenn hier die Besucher durchgehen, sollen sie von Glücksgefühlen bis zum Grusel alles erleben.« Der wohlige Schauder ist spätestens dann angesagt, wenn einem hinter der Schalttafel Schrumpfköpfe entgegenstarren. »Seit meinem ersten Besuch 1998 war ich dieser ganz speziellen Höhle auf dem Kiez verfallen«, so der ehemalige HNO-Arzt, »einem Geflecht aus Höhlen, Speichern und Kammern … dem Inbegriff eines Kuriositätenkabinetts!«

Später, nach Harrys Tod und Auslandsaufenthalten in Südamerika, Afrika, Asien, die ihn um Kenntnisse über die Geschichte und den Ritualbezug der Sammlung bereicherten, half der Höhlenfreund im Hafenbasar der Tochter Harrys, die nun den Laden führte. Als sie 2011 plötzlich verstarb, musste er die Sammlung viel früher übernehmen als zuvor geplant – und hat nun mit dem Schwimmkran Greif ganz Außergewöhnliches geschaffen. Geron Boos: »Ich wurde plötzlich ›der neue Harry‹.«

Adresse Sandtorhafen, 20457 Hamburg (HafenCity), Tel. 0171/4969169, www.hafenbasar.de, E-Mail: info@hafenbasar.de | **ÖPNV** U 3, Haltestelle Baumwall, Bus 6, 111, Haltestelle Am Sandtorkai | **Öffnungszeiten** Mo–So 14–19 Uhr

40 Otto Hatje Zigarren

Schmauchen ohne Firlefanz

Sportwagen, teure Uhren, Gold und Glamour. Geht es nicht auch mal anders? Gibt es das noch, das Geschäft für »ganz normale Zigarrenfans«? Aber sicher. In Stefan Apels gemütlichem historischen Laden mit traditionellem Standort im Herzen Altonas reduziert sich alles auf das Wesentliche: »Ein breites Zigarrenangebot, eine kleine Auswahl an Zubehör und die passenden Spirituosen, die Möglichkeit, vor Ort zu rauchen, alles verpackt. Willkommen in meiner Welt!«

Als einer der Letzten seiner Art hat der Meister des Rollens und Schneidens den seit 1922 bestehenden Laden 1992 übernommen. Zigarren dreht er selten und auch nur zum Gefallen neuer Kunden. Jedoch werden hier jeden ersten Samstag im Monat Rauchwaren zum Zusehen oder Mitmachen hergestellt. Die meisten Besucher kommen mehr oder weniger regelmäßig vorbei, um im Raucherraum, der ausdrücklich nicht »Lounge« genannt wird, in aller Ruhe eine Zigarre zu schmauchen.

Als der Zigarrenmacher Otto Hatje 1922 den Laden eröffnete, gab es hier unzählige Tabakmanufakturen. Ganze Familien drehten die braunen ledrigen Blätter zu jener eleganten Rolle, über die man typischerweise eine Banderole mit dem Markenzeichen schiebt. Wegen der Staubentwicklung erhielt die Gegend den Namen »Mottenburg«.

Ganz anders heute: An beiden Wänden des gepflegten Raumes stehen Regale bis unter die Decke. Die meisten in Holzschachteln dargebotenen Eigenmarken lässt Appel von zwei deutschen Familien für den eigenen Verkauf produzieren. Das Eigenmarkenprogramm bietet eine Auswahl von Sumatra oder Brasil, gedeckten Shortfillern, Zigarillos bis zur großen Corona. Longfiller-Importe aus Cuba, Honduras, Nicaragua, der Dominikanischen Republik, Mexico und den Kanaren finden sich im gegenüberstehenden Regal. Passend dazu findet man hier geistige Genüsse, zumeist ist es aus kleinen Fässern abgefüllter Rum. Genießen in Rauch und Schmauch: Geschmacksache pur.

Adresse Alte Königstraße 5, 22767 Hamburg (Altona), Tel. 040/385409, www.ottohatje.de, E-Mail: stefan@ottohatje.de | **ÖPNV** S 1, 2, 3, 11, 31, Haltestelle Altona | **Öffnungszeiten** Di, Mi & Fr 10–19 Uhr, Do 10–21 Uhr, Sa 10–15 Uhr

41 Herr von Eden

Das tapfere Schneiderlein

Keine Angst vor großen Scheren: Einschüchtern von der Haute Couture lässt sich der 36-Jährige nicht. Bent Angelo Jensen ist »Herr von Eden« und überzeugt: »Mein Modelabel ist aus der deutschen Modelandschaft nicht mehr wegzudenken und zählt heute zum Besten, was diese Branche an Handwerk zu bieten hat.« Dabei hat der Autodidakt weder eine Schneiderausbildung absolviert noch Mode-Design studiert oder eine betriebswirtschaftliche Ausbildung genossen. Er ist ein Selfmademan.

Bereits als 19-Jähriger eröffnete er ein erstes eigenes Geschäft im Hamburger Karolinenviertel. Seit 1999 entwirft er unter dem Markennamen »Herr von Eden« eigene Kollektionen für Damen und Herren und verkauft diese auch in Filialen in Berlin und Köln. Jensen kennt die Gezeiten der Mode und verfolgt sein Gesamtkonzept konsequent. Zeitloser Stil, Klassik und Eleganz, kurz: Liebe zur Tradition und Provokation. »Das laut Dresscode gewünschte klassische Set sollte schon befolgt werden« rät er, »aber kleine Individualisierungsmaßnahmen sind erlaubt. Etwa mit einem nachtblauen Frack zur altrosa Schleife oder ein Smoking in Aubergine zur dunkelgrünen oder roten Schleife.«

Anzüge, Hemden und Accessoires werden so zu einem Statement und verleihen den Trägern eine besondere Haltung – manche Kunden sprechen sogar von einer Rüstung für ihren Alltag. Zur treuen Kundschaft zählen viele Anhänger aus dem kreativen Umfeld und zahlreiche prominente Personen wie Rapper Jan Delay, TV-Moderator Thomas Gottschalk und sogar US-Schauspieler Willem Dafoe. Herr von Eden schafft den Spagat zwischen Klassik und Avantgarde; seine Kreationen und Kampagnen sind mittlerweile preisgekrönt, wie etwa mit dem »LEAD Award – GOLD für die Beste Printkampagne National«. Gern schlüpft er in unterschiedlichste Rollen und modelt oft persönlich. Jensen ist ein kleines Multitalent – und ein großer Meister der Schere.

Adresse Marktstraße 33, 20357 Hamburg (Schanze), Tel. 040/4390057, www.herrvoneden.com, E-Mail: hamburg@herrvoneden.com | **ÖPNV** U 2, Haltestelle Messehallen, U 3, Haltestelle Feldstraße | **Öffnungszeiten** Mo–Fr 11–20 Uhr, Sa 11–18 Uhr

42 — Hentschel Uhrenmanufaktur

Im Zeichen der Zeit

Heimathafen Hamburg. Zu Zeiten der ersten Chronometer lag in jeder Ungenauigkeit der Uhr auch ein unkalkulierbares Risiko, den Zielhafen nicht zu erreichen. Heute sind Navigationsgeräte und digitale Anzeigen ein ständiges Korrektiv. »Die Uhrzeit umgibt uns überall: auf Handys, in Autos, auf Bildschirmen und Displays. Allein um die Zeit ablesen zu können, muss nun wirklich niemand einige tausend Euro für eine Uhr ausgeben«, sagt Andreas Hentschel. Der wahre Wert seiner Meisterwerke liegt stets verborgen im Innern: in einem von Hand veredelten Uhrwerk. Hentschel findet die begehrten Lager-Bestände in Archiven, nimmt die Werke dann Stück für Stück auseinander und veredelt sie nach allen Regeln der Uhrmacherkunst. Der Kunde kann sich bei jedem Arbeitsschritt einbringen, Design und Machart bestimmen oder ein Werk aus seinem Geburtsjahr wählen.

Drei Modelle fertigen Hentschel und seine drei Angestellten an: runde, bis aufs Minimum reduzierte Klassiker mit einem von Hentschel entwickelten Wechselsystem für das Armband und einem gewölbten Spezialglas, das den Schattenwurf der Zeiger verhindert. »Die Kunst liegt darin, auf das Wesentliche zu reduzieren. Einfach ist am schwersten«, erklärt Hentschel. »Meine Kunden wollen nicht, dass man mit einem Blick auf das Handgelenk den Wert feststellen kann. Understatement ist auch ein Statement.« Rund 200 Stück werden jährlich im Hamburger Stammhaus und auch in Kampen auf Sylt bestellt.

Regelmäßig veranstaltet Hentschel im Rahmen des von ihm gegründeten Uhrenclubs Workshops und lüftet mit Mikroskop und Filmkamera die Geheimnisse des Mikrokosmos, der erklärt, was die »gute Uhr« zu eben dieser macht. Seit Herbst 2013 öffnet sich den Besuchern neben den Manufakturräumen das »Chronometermuseum Hamburg« und zeichnet die faszinierende Geschichte der Hamburger Uhrmachertradition in Zeit und Raum nach. Zielhafen erreicht.

Adresse Geschwister-Scholl-Straße 119, 20251 Hamburg (Eppendorf), Tel. 040/4807813, www.hentschel-hamburg.de, E-Mail: info@hentschel-hamburg.de | **ÖPNV** U 1, 3, Haltestelle Kellinghusenstraße, Bus 22, Haltestelle Tarpenbekstraße, Bus 25, Haltestelle Julius-Reincke-Stieg | **Öffnungszeiten** Di–Fr 14–19 Uhr, Sa 10–15 Uhr

43 __ HSV-Museum Shop

Geschichte durch Geschichten

Tauchen Sie in die bewegte HSV-Geschichte ein. Vor allem von den glorreichen und auch weniger glorreichen Momenten der HSV-Fußballabteilung erzählt das Museum des Hamburger Sportvereins auf 700 Quadratmetern Ausstellungsfläche. Mit zahlreichen Bildern, Dokumenten, Video- und Hörstationen werden die Geschichte und Geschichten des Fußballs, seiner Spieler, seiner Fans seit seiner Gründung erlebbar und lassen sie mit Originaltrikots, Eintrittskarten und natürlich auch Pokalen lebendig werden.

Es waren Geschichten wie die des HSV-Jugendspielers Alois Eisenträger, der als Kriegsgefangener nach England kam und dort als Profifußballer seine neue Heimat fand, aber auch Exponate wie der Originalspielball des Endspiels aus dem Jahr 1923, um das sich Anekdoten rankten, die derart faszinierten, dass der Plan für mehr als nur eine »Pokalschau« reifte und Gestalt gewann, bis das HSV-Museum im Februar 2004 seine Türen öffnete.

Sein Leiter Dirk Mansen war zur Zeit des Umzugs des seit 1920 bestehenden Vereinsarchivs Fanbeauftragter und erzählt: »Was dabei damals zu Tage kam, faszinierte mich derart, dass ich alles daran setzte, diese Geschichten und Exponate in einem Museum zu präsentieren.« Zum 125-jährigen Vereinsjubiläum 2012 wurde die Ausstellung komplett überarbeitet, sodass auch die jüngsten Ereignisse ihren Platz finden.

Natürlich verkauft der Museum Shop auch ausgewählte Fanartikel, die sich als Mitbringsel eignen und die jeweils aktuellen Trikots. Beeindruckend auch die Auswahl an verschiedenen Fußballbrett- und -kartenspielen. Unübertroffen in Hamburg ist mit über 130 verschiedenen Titeln das Buchsortiment zum Thema Fußball, darunter die sehr große Auswahl an Kinderbüchern für jedes Lesealter, und allen Themen rund um den Sport: Biografien, Anekdotensammlungen, Bücher zur Geschichte der Sportler und ihrer Fans – geschriebene Geschichten zur Geschichte.

Adresse Sylvesterallee 7, 22525 Hamburg (Bahrenfeld), Tel. 040/41551550, www.hsv.de, E-Mail: museum@hsv.de | **ÖPNV** S 3, 21, Haltestelle Stellingen, Bus 22, Haltestelle Schnackenburgallee, Bus 180, Haltestelle Am Volkspark | **Öffnungszeiten** Mo–So 10–18 Uhr

44_Hutmacher de Vries
Bubbel und Bayreuth

Die nahe Verwandtschaft: Peter de Vries, gelernter Optiker, seit 1989 in Hamburg ansässig, ist Holländer. Das hört man, das sieht man, und irgendwie hat man das Gefühl, so benimmt er sich auch. Es herrscht kreative Unordnung, und an der Wand hängen verschiedene Fotos der niederländischen Royalties und natürlich eine Aufnahme der Königin mit Hut von Wagenradgröße. »Familienbilder«, sagt de Vries knapp.

1993 hat er eine Druckpresse und die dazu gehörenden Aluminiumformen gekauft und produziert in cinem Schuppen hinter dem Nachbarhaus, wo er die Rohlinge aus Sesal oder Filz in die gewünschte Form bringt. Es gibt 50 verschiedene Aluminiumformen für Damen- und Herrenhüte, die der Autodidakt auch an Hutmacherinnen in und außerhalb Hamburgs verkauft. Mit eigenen verrückten und experimentellen Hut-Kreationen wurde de Vries bekannt. Wandelbare Formen interessieren den Designer besonders. 2004 ließ sich de Vries seine Hutkreation »Sushehat« patentieren, eine Haube, die mit Schleifen wandelbar in neun verschiedene Gestaltungen gebracht werden kann und dafür mehrfach ausgezeichnet wurde, so mit dem »Design Plus« und dem »red dot design award«.

Der Hochschuldozent für Filzdesign im Zweitberuf hat in diesem Jahr besondere Filzfliesen entworfen. »Die behüten die Wände und nicht den Kopf.« Die in vielen Farben im 3D-Druckverfahren hergestellten »Bubbel«-Fliesen sind isolierende, schallschluckende Naturprodukte, die luftreinigend wirken. Sie können über ein Klettverschlusssystem an den Wänden angebracht und daher einfach umdekoriert werden. Seine Ideen kommen dem blonden Wahlhamburger, indem er mit offenen Augen durch die Welt fährt. De Vries liebt Jazz und möchte auch Musik in Materie überführen. Materie für die Musik übrigens lieferte er bereits 2013 mit seinen 143 gelben Filzhüten für die Lohengrin-Inszenierung der Bayreuther Festspiele. Fehlt noch der Fliegende Holländer.

Adresse Geschwister-Scholl-Straße 8, 20251 Hamburg (Eppendorf), Tel. 040/4803826, www.hutdevries.de, E-Mail: peter@hutdevries.de | **ÖPNV** U 1, U 3, Haltestelle Kellinghusenstraße, Bus 22, Haltestelle Tarpenbekstraße | **Öffnungszeiten** nach persönlicher Terminvereinbarung

45 — Gebr. Jürgens
Auf Messers Schneide

Die einstigen Obermieter: Otto Waalkes, Udo Lindenberg und Marius Müller-Westernhagen, die in den 1970er Jahren in der Wohnung über dem Ladengeschäft eine prominente WG bildeten. Die wilden Jahre sind vorbei; die Tradition Jürgens aber bleibt. In die »gute alte Zeit« fühlt man sich hier zurückversetzt; an eine herrschaftliche Wohnung lassen die vier Meter hohen Stuckdecken samt suitenhafter Raumfolge mit breiten Durchgängen denken, aus der Firmenchronik wissen wir jedoch: Das 230 Quadratmeter große Geschäftslokal im noblen Stadtteil Harvestehude war bei der Geschäftsgründung 1889 niemals zum Wohnen gedacht, sondern begann seine Geschichte bereits als Fachgeschäft mit einem breiten Sortiment aus Töpfen, Pfannen, ofenfestem Porzellan, Besteck und Geschirr.

Noch heute sind Haushaltswaren jeder Art liebevoll auf endlosen Regalen platziert, zum Verschenken oder auch Behalten. Über 5.000 Artikel umfasst das Sortiment, von Bilderhaken für zehn Cent bis hin zu exklusiven handgefertigten Küchenwerkzeugen. Neben internationalen Marken finden Profi- und Hobby-Köche auch viele in Deutschland hergestellte Koch-, Back und Brutzelhilfen, darunter handgefertigte Salz- und Pfeffermühlen von Peter Hromek, hochwertige Messer von J. J. Tritz aus Hamburg und Küchenbretter der Finkenwerder Manufaktur Elbholz.

»Alles, was ich anbiete, ist mit viel Liebe zum Detail und einem fachmännischen Blick auf Material und Funktionalität ausgewählt worden. So kann ich anspruchsvolle Hobbyköche, aber auch die Profis auf der ganzen Linie zufriedenstellen«, sagt Inhaber Oliver Jürgens. Die besondere Liebe des passionierten Kochs gilt scharfen Messern, die eigens in einer Glasvitrine präsentiert werden. Gern erklärt er seinen Kunden die verschiedenen Eigenschaften und Eigenheiten. Er ist sich sicher: »Unsere Philosophie ist seit jeher gleich geblieben: Gutes Werkzeug für die Küche, denn nichts ist teurer, als eine Sache zweimal zu kaufen.« Hinterm Billigtopf geht's weiter …

Adresse Mittelweg 125, 20148 Hamburg (Harvestehude), Tel. 040/443197, www.gebr-juergens.jimdo.com, E-Mail: info@gebrueder-juergens.de | **ÖPNV** U 1, Haltestelle Hallerstraße, Bus 15, 109, Haltestelle Alsterchaussee | **Öffnungszeiten** Mo–Fr 9.30–18 Uhr, Sa 9.30–14 Uhr

46 Kamm in Friseur & Musikevents

Der Musiksalon

Hier spielt ganz eigene Salonmusik: Spezielle Stühle stehen auf zwei durch wenige Stufen abgesetzten Ebenen vor den Spiegeln, dazwischen Sessel, Tische und in der Ecke am Eingang eine kleine hohe Theke. Die Raumgestaltung erinnert mehr an eine Bar als an einen Haarspezialisten – wären da nicht die typischen Friseurstühle. Uwe Harms ist ein erfolgreicher »Lockendreher« mit drei weiteren »normalen« Salons.

Dieser ist anders, auch wegen des »Sessionraums« im Keller. Vor sieben Jahren hat Harms den Salon mit dem schallgedämpften Musikkeller eingerichtet. Jede Woche, mittwochabends ab 18 Uhr, ist das Geschäftslokal nicht für scharfe Schnitte, sondern für Freunde der Musikszene weit geöffnet, ebenso jeden ersten und dritten Freitag im Monat. Schließlich: Was macht man, wenn der Laden zu groß ist für den Friseursalon und man selbst seit Jahren Gitarre in einer Band spielt? Richtig. Man eröffnet einen Musiksalon. Bis spät in den Abend kommen immer wieder neue Gäste dazu, viele haben wie zufällig einen Instrumentenkoffer dabei. Im Prinzip kann hier jeder spielen und darf es dann auch – vorzugsweise wenn man »gesetzt ist«. »Blöde für die Koryphäen – darunter ab und an internationale Musiker –, die dann eben auch mal warten müssen, gespannt wie die Gäste auch«, erzählt Uwe Harms. Bis Mitternacht wird im Sessionkeller mit Verstärker gespielt, danach – ebenso verstärkt – mit den Damen. Musik nimmt man ernst, aber nicht zu ernst.

Der 60-Jährige mit seinen blondierten Haaren und engen Jeans von der Reeperbahn sieht aus wie der Zwillingsbruder von Joe Cocker. Darauf angesprochen, erzählt er: »Früher war hier das Musiklokal Sperl, wo ich eigentlich jeden Abend vorbeischaute und oft blieb. Bis 22 Uhr gab es klassische Musik, danach Jazz. Der Hamburger Pianist Joja Wendt, damals mein Wohnungsnachbar, spielte hier und wurde dabei 1984 entdeckt, von Joe Cocker – himself.«

Adresse Brüderstraße 2, 20355 Hamburg (Neustadt), Tel. 040/345293, www.kamm-in-online.de, E-Mail: info@kamm-in-online.de | **ÖPNV** S 1, 3, Haltestelle Stadthausbrücke, U 3, Haltestelle Rödingsmarkt | **Öffnungszeiten** Mo 9–13 Uhr, Di–Fr 9–18 Uhr, Sa 9–13 Uhr

47 Käse Thiele

Kulinarische Reisen

Gourmets aufgemerkt: Seit 1949 herrscht jeden Dienstag und Freitag unter dem stählernen Dach des U-Bahn-Viadukts ein unverwechselbares buntes Treiben. Querbeet durch alle Warengruppen bieten Fischhändler, Metzger, Obst- und Gemüsebauern mit vorwiegend eigenen Anbauprodukten, Bäcker- und Süßwarenhersteller, Textilien- und Schmuckverkäufer, Spezialisten für Oliven und Trockenfrüchte, Blumenverkäufer und ein Bürstenmann mit Reinigungsmitteln jeder Art ihre Produkte feil. Insgesamt sind es mehr als 200 Marktbeschicker.

Zehn Meter des 650 Meter langen Streifens nimmt seit 1982 der Verkaufsanhänger von »Käse Thiele« auf dem Isemarkt ein, hinter dessen blitzblanker Theke drei Brüder und drei weitere Angestellte köstliche internationale Käsespezialitäten anbieten. »Anfang der 80er Jahre war nur ein kleiner Teil der heute angebotenen Käsesorten bekannt«, erzählt der Firmengründer Frank Thiele, »daher kam die Idee, dem Kunden die Käsevielfalt Europas zu erschließen.«

Die Recherche vor Ort bei den Käseherstellern und der Einkauf von Spitzenprodukten waren die Mittel, dieses Ziel zu erreichen. Neben dem Erwerb von erstklassiger Ware sollte der Kunde ein umfassendes Wissen über Fertigung, Reifung und Besonderheiten der jeweiligen Sorten erlangen können. »Wir fahren daher regelmäßig mit dem ganzen Verkaufsteam zu Manufakturen in den europäischen Herstellungsländern.«

In verschiedenen Reifungsräumen entwickeln die Mitbringsel von Käse Thiele ein volles und rundes Aroma. Ob Crottin de Chavignol, Beaufort Chalet d'Alpage, Epoisses, Reblochon oder viele andere Käsesorten: AOC- und AOP-Siegel garantieren, dass die Käse aus hochwertigen Rohstoffen nach traditionellen, handwerklichen Verfahren auf Bauernhöfen, in Almhütten und in kleinen Molkereien produziert werden. Für Frank Thiele sind dies »kulinarische Reisen um die Welt auf der Suche nach dem essbaren Gold«.

Adresse Isestraße, 20149 Hamburg (Harvestehude), Tel. 04193/904948, www.kaesethiele.de, E-Mail: kaesethiele@yahoo.de | **ÖPNV** U 1, Haltestelle Klosterstern, U 3, Haltestelle Eppendorfer Baum & Hoheluftbrücke, Bus 4, 5, Haltestelle Hoheluft | **Öffnungszeiten** Di & Fr 8–14 Uhr auf dem Wochenmarkt Isestraße

48 Kappich & Piel Werkstatt-Galerie

Rahmen für die Kunst

Kunst braucht einen speziellen Rahmen. Manchmal sogar mehr als das: Die gelernte Tischlerin und Restauratorin Frida Kappich arbeitet mit einem vierköpfigen Team in der 420 Quadratmeter großen ehemaligen Kälberhalle der 1896 errichteten Viehmarkthallen des Hamburger Fleischgroßmarktes. Rahmen – aus Holz, Metall oder Stein gefertigt – baumeln an Seilzügen von der hohen Decke oder stehen, noch unbearbeitet, in der Tischlerei-Ecke des Raumes. Auffallend und ungewöhnlich ist auch ein Tisch, gefertigt aus knorrigen Eichenbohlen einer Mole, die ein halbes Jahrhundert im Kieler Hafenbecken lagen. Was bis 2009 eine Rahmentischlerei und Zulieferer für Galerien war, wurde 2011 als Werkstatt-Galerie mit neuem Konzept neugegründet. Frau Kappich erzählt: »Der Markt hat sich stark verändert, und der Galerist fing an zu sparen, was sich in der Auftragslage bemerkbar machte. So entwickelte ich die Idee, es selber in die Hand zu nehmen. Mein Sohn brachte mich auf die Schanzenhöfe. Und da ist dann auch sofort die Idee entstanden.«

»Galerie« steht für eine Werkstatt, die die Herstellung von Rahmungen für den interessierten Kunden sichtbar macht: Der Tischler, der den Rahmen baut, die Vergolder für das schöne Finish und der Einrahmer, der dann die kleinen und großen Schätze in die Rahmen passt. Die Werkstatt liefert Ausstattung für Hotels, Büros, Praxen, Schiffen sowie Veranstaltungen mit Künstlern, wodurch die Lust entstand, selbst Events zu planen. Da wird aus der Werkstatt für einen Abend eine Präsentationsfläche, wo die Kunst an den Seilzügen gezeigt wird. »Nach meiner Meinung ist Kunst zum Anfassen da, sie bewegt sich an den Seilzügen und die Gäste dazwischen. Eine wunderbare Optik, und es lädt auch dazu ein, sich mit fremden Menschen über die Kunst zu unterhalten. Das ist unser Ziel, eine Vielfalt von Kunst an die Interessierten zu bringen.« Hier stimmt die Rahmenhandlung.

Adresse Lagerstraße 34a, 20357 Hamburg (Schanze), Tel. 040/71498488, www.artwave.ag, E-Mail: info@artwave-gmbh.de | **ÖPNV** S 11, 21, 31, U 3, Haltestelle Sternschanze | **Öffnungszeiten** Mo–Fr 10–18 Uhr, Sa 11–16 Uhr

49 Kaufhaus Hamburg

Alles Gute aus der Stadt

Man fühlt sich schnell wohl im Kaufhaus Hamburg mit seinen 85 Quadratmetern, die das Flair einer Altbauwohnung versprühen. In den vom Hamburger Formspezialisten Stefan Münich modern designten, orange-weißen Modulregalen – vor apfelgrünen Wänden gestapelt – finden sich wahre Schätze der Hamburger Design-, Kunst-, Handwerk- und Produzentenszene.

Von der bunten Tüte Brausebonsche vom Bonscheladen bis hin zur handgedrechselten Pfeffermühle aus Mooreiche von C. Burnhauser. Von feinster Naturkosmetik BFNKY bis zur trendigen Fotokunst von Axel Schmidt und von feinen Lebensmitteln aus Hamburger Manufakturen bis hin zu modischen Accessoires für Frau und Mann. Eines haben alle diese Produkte gemeinsam: Sie kommen aus Hamburg und Umgebung.

Wagt man sich ein wenig weiter in das Geschäft hinein, stößt man auf eine Buchabteilung, in der man feine Texte aus Hamburger Federn findet. Darüber hinaus gibt es ein Musikzimmer, in dem man auf farbigen iPods mit urban-bunten Kopfhörern echte Geheimtipps der Hamburger Musikszene entdecken kann. Ein ständig wachsendes Sortiment lässt auf die Vielfalt der Hamburger Produzenten schließen, und es wird schnell klar, dass der gemeinsame Auftritt der Produkte die Stärke des Konzeptes des Kaufhauses Hamburg ausmacht. Nach dem Motto »Gemeinsam sind wir stark« können sich hier die Hersteller aus Hamburg in hübscher Umgebung präsentieren und so die Kundschaft in ihren Bann ziehen. Das Auge kauft mit. Und gleichzeitig tut man Gutes, denn all die schönen Dinge sind unter fairen Bedingungen gehandelt und produziert.

Es werden auch regelmäßig kleine, aber feine Events veranstaltet. Lesungen Hamburger Autoren etwa, informative Verlagsabende, Vernissagen Hamburger Fotografen und Herstellertage. Alles dies fügt sich ein in das Konzept und rundet das Einkaufserlebnis ab. Eben alles Gute aus der Stadt.

Adresse Lange Reihe 70, 20099 Hamburg (St. Georg), Tel. 040/22815669, www.kaufhaus-hamburg.de, E-Mail: post@kaufhaus-hamburg.de | **ÖPNV** S 1, 2, 3, 11, 21, 31, U 1, 2, 3, 4, Haltestelle Hauptbahnhof, Bus 6, Haltestelle Gurlittstraße | **Öffnungszeiten** Mo – Fr 10 – 19 Uhr, Sa 10 – 18 Uhr

50__KDTorten

Wo die Formen alles ausstechen

Sagt die Torte zur Schnitte: »Hier wirst du fein gemacht.« Bescheidener Witz, trifft die Situation aber ganz genau. Seit 2011 nämlich gibt es im Hochparterre dieses wunderschönen alten Gebäudes der innerstädtischen Colonnaden auf Regalen, Angebotsständern und Vitrinen alles, was das Backherz höher schlagen lässt. Vom Keksausstecher bis zu Spezialbackformen werden auf rund 200 Quadratmetern etwa 3.000 Produkte rund ums Backen und Tortendekorieren angeboten; es gibt absolut alles, was Anfänger wie Profis zum Backen und Tortendekorieren brauchen: die Grundmasse weißer Fondant, die man hier fertig bekommt, Lebensmittelfarbe, Sprinkles, Motivbackformen, Spezialwerkzeuge in allen Formen und Farben.

Es ist das größte Geschäft seiner Art in Deutschland. Eröffnet wurde es vom dänischen Kaufmann Jannich Nissen, der zunächst ein alteingesessenes Delikatessengeschäft in Dänemark – »Specialkøbmanden«, wie man dort sagt – kaufte und betrieb. Mit der Zeit sei das Kuchenbacken immer mehr in Mode gekommen, darum habe er beschlossen, auch Backzubehör anzubieten, sagt Nissen. »Als ich 2010 Urlaub in Hamburg machte, kam ich dann auf die zündende Idee, in dieser großen Stadt etwas Neues zu wagen.«

Im zweiten hinteren Ladenraum führt die Filialleiterin und Konditorin Ute Stuhr in verschiedenen Kursen vor, wie man Kuchen mit Marmelade, Buttercreme oder Carnache – einer leckeren Mischung aus Sahne und Couvertüre – einstreicht und dann mit der weißen zuckrigen Masse, dem Fondant, eindeckt. Oder wie man Cupcakes oder Cake Pops mit natürlich wirkenden Blüten und Blättern aus ausgedünnter Blütenpaste dekoriert und Bärchen und andere Tierfiguren modelliert. »Es geht bei uns nicht ums Kuchenbacken, sondern um die Kunst des Dekorierens«, erklärt die Konditorin. Unter ihrer Anleitung entsteht, was jeder Kursteilnehmer mit nach Hause nehmen kann: Feingemachtes für Schnitten, die Torten werden wollen.

Adresse Colonnaden 3, 20354 Hamburg (Neustadt), Tel. 040/35715117, www.kdtorten.de, E-Mail: info@kdtorten.de | **ÖPNV** S 1, 2, 3, U 1, 2, 4, Bus 5, 109, Haltestelle Jungfernstieg | **Öffnungszeiten** Mo – Sa 10 – 20 Uhr

51 Klemann Shoes

Der gläserne Schuh

Von Hand für die Füße und vor allem Hand in Hand. Klingt zunächst rätselhaft? Ist es aber nicht. Benjamin Klemann war bereits ein sehr erfahrener Schuhmacher mit Lehrjahren beim ungarischen Meister Julius Harai in Neumünster und Arbeit beim königlichen Hoflieferanten »Lobb« in London, als er 2007 zusammen mit seiner Frau bei einem Bummel die leer stehenden Ladenräume in der Poolstraße in unmittelbarer Nähe zur Musikhalle entdeckte.

Es entstand die Idee, hinter der großen Schaufensterscheibe eine gläserne Manufaktur einzurichten. Gesagt, getan. Mit seiner Frau und den Jungs zog er samt Maßschuhwerkstatt vom lauenburgischen Gut Basthof nach Hamburg. Seitdem arbeitet die vierköpfige Familie, Benjamin und Margit Klemann sowie die beiden Söhne Vincent und Lennert, die inzwischen einen Meistertitel tragen, mit weiteren Mitarbeitern für jeden einsehbar in dem Geschäftslokal. Rechts davon befindet sich ein weiterer Laden. Dies ist die Entwurfswerkstatt. Hier berät Benjamin Klemann die Kunden und vermisst die Anatomie ihrer Füße.

Den vornehmsten folgenden Arbeitsschritt stellt die Gestaltung der individuellen Holzmodelle dar, der sogenannten Leisten. So steht an einer hinteren Wand ein Regal, in dessen Fächern sich nicht Bücher reihen, sondern mehr als 1.000 Holzfüße. Im Lager der oberen Etage mit exquisiten Ledern und Schablonen beginnt die Arbeit von Frau Klemann und einer Mitarbeiterin, die sich auf das Nähen des Schuhschafts aus Ober- und Futterleder spezialisiert haben. Im warmen gelben Licht des unteren Geschäftslokals wird auf Hockern sitzend von Hand für die Füße gearbeitet. Hier wird Arbeitsschritt für Arbeitsschritt ein Maßschuh »gebaut«; Rahmen und Brandsohle werden angefertigt und schließlich alles mit dem Schaft vernäht. Nach rund 30 Stunden, Maßnehmen und Leistenbau ausgenommen, ist das Gesamtkunstwerk fertig. Die Meisterfamilie am Werk: Qualität, glasklar.

Adresse Poolstraße 9, 20355 Hamburg (Neustadt), Tel. 040/34107777, www.klemann-shoes.com, E-Mail: welcome@klemann-shoes.com | **ÖPNV** U 2, Halte-stelle Gänsemarkt & Messehalle | **Öffnungszeiten** Vereinbaren Sie Ihren persönlichen Beratungstermin.

52 — Kunst und Gemüse

Vitaminhaltiges Handwerk

Lebenserhaltende Maßnahmen? Nein. Gemüse bekommt man hier nicht. Die Mineralstoffe im Ladenatelier in der Wexstraße sind anderer Art. Erst vor Kurzem sind die beiden Designerinnen Anne Zimmer, Fachfrau für Schmuck, und Sybille Hoffmann, Fachfrau für Glas, die aus unscheinbarem Gebrauchsglas neue Gegenstände mit dem gewissen Etwas herstellt, mit ihrer seit zehn Jahren bestehenden Ateliergemeinschaft in die großen Geschäftsräume in der Wexstraße gezogen. Schmuck-Kollektionen, oft in Kombination aus Edelmetallen und Gießharz, und Glasobjekte, größtenteils aus Altglas, werden hier entworfen und gefertigt, bevor sie sich – auf Messen ausgestellt – auf den Weg nach Rom, Paris oder Norderney in die Läden und Galerien machen. Oder auch in Ihre Stadt.

Neben den jeweils eigenen Produktlinien bieten Zimmer und Hoffmann Platz für die Produkte befreundeter Gestalter aus verschiedenen Gewerken. Momentan finden sich dort etwa Möbel, Lederaccessoires, Porzellan, Glas, Bücher, jeweils liebevoll gestaltet und in Kleinserie produziert. Hier gibt es alles zum Leben, was nicht an jeder Ecke zu finden ist. Eine kleine Designer-Crew hat ihre ganz eigene Nische besetzt: individuelle Holzmöbel neben ungewöhnlichen Glasobjekten, darüber hinaus Schmuck und exquisites Porzellan.

Mit ihrem Label »Möbel-Liebschaften« spezialisieren sich Christian Kusenbach und Martin Sessler auf qualitativ hochwertige Bambus- und Nussbaummöbel, die sie als Einzelstücke oder in Kleinserie entwerfen und produzieren. Kunst und Gemüse ist eine Galerie für »handgemachte Produkte zum Benutzen und Lieben«, wie es die beiden Designerinnen formulieren. »Unser Ladenatelier befindet sich jetzt innenstadtnah wenige Gehminuten von den teureren Läden der Boutique-Meile, und da sehen die Kunden: Individuelles muss nicht teuer sein«, sagt Sybille Hoffmann über die Qualität, die sie bieten. Also doch: Vitamin L wie Leben.

Adresse Wexstraße 28, 20355 Hamburg (Neustadt), Tel. 040/55775448, www.kunstundgemuese.de, E-Mail: info@kunstundgemuese.de | **ÖPNV** S 1, 2, 3, Haltestelle Stadthausbrücke, U 3, Haltestelle Rödingsmarkt, Bus 3, Haltestelle Axel-Springer-Platz | **Öffnungszeiten** Mo – Fr 11 – 19 Uhr, Sa 11 – 16 Uhr

53 Ladage & Oelke

Das anglo-hanseatische Kleidermagazin

Gleich zweimal Feuer und Flamme: Nach dem großen Brand von 1842 wurden in Hamburg neuartige Geschäftsstraßen mit großen Fensterfronten gebaut. 1845 bezogen die Schneidermeister Ladage und Oelke das neue Ladenlokal zwischen dem Neuen Wall und der überdachten Einkaufsstraße unter den Alsterarkaden. Zunächst als Tuchhandlung gegründet, entstand bald eines der frühesten Fachgeschäfte für Herrenkleidung. 1989 schlug das Feuer zum zweiten Mal zu: Es zerstörte den gesamten hinteren Teil des Geschäfts.

Enkel und Ladeninhaber Heinrich Franck entschied sich dafür, den Flammen zu trotzen, alles nach den alten Vorbildern wiederaufzubauen und die seit 1845 bestehende Familientradition fortzuführen. Gleichzeitig richtete der ausgebildete Kaufmann und Modelleur das Angebot neu aus – mit einer Damenkonfektion, vielen Accessoires, allerlei für Kinder und vor allem einer Schuhabteilung, die weit über die Grenzen Hamburgs bekannt ist.

Der Verkaufsraum ist auf zahllosen Ständern mit einer unendlichen Vielfalt von Herrenkleidung vollgehängt, angefangen vom englischen Freizeitlook bis zur Festtagskleidung gibt es nahezu alles. Ein unglaubliches Warensortiment stapelt sich auf 450 Quadratmetern bis an die hohe stuckverzierte Decke. Man kann sich gut vorstellen, wie zu Beginn Stoffballen aus den Regalen gezogen wurden und auf den unendlich langen, dunklen Verkaufstresen den Kunden zur Auswahl vorgelegt wurden.

Heute sind hier unter Glas Accessoires wie Seidentücher, Schals, Manschettenknöpfe und Krawatten ausgestellt. Allerlei Kopfbedeckungen sowie handwerklich hergestellte Schirme, Aktenkoffer, Gürtel, Handtaschen, Geldbörsen und Reisegepäck runden das Angebot ab. Wer heute durch die schwere Jugendstiltür in den Laden tritt, sieht gelebte anglo-hanseatische Tradition. Hamburg und die Anglophilie: eine durch und durch feuerfeste und nur durch die Herzen wirklich entflammbare Leidenschaft.

Adresse Neuer Wall 11, 20354 Hamburg (Neustadt), Tel. 040/341414, www.ladage-oelke.de, E-Mail: elke.franck@gmx.de | **ÖPNV** S 1, 2, 3, 31, U 1, 2, 3, 4 , Haltestelle Jungfernstieg | **Öffnungszeiten** Mo–Fr 10–19 Uhr, Sa 10–18 Uhr

54__Die Lakritzerie

Wo das Süße herbe kommt

Hier ist man von Kopf bis Fuß auf Süßholz eingestellt. Kaum zu glauben: Das 2009 gegründete Geschäft ist zur Gänze gefüllt mit Lakritz! Wenn man die Inhaberin Barbara Matthias zu ihrer Geschäftsidee befragt, sagt sie: »Mein Traum war schon immer ein eigenes Geschäft. Und da Lakritz meine Leidenschaft ist, war es naheliegend, Traum und Leidenschaft zu kombinieren.«

Für die einen ist Lakritze Naschwerk, für andere heilsam. Die Wurzel der Süßholzpflanze kommt bei Husten, Schnupfen und Magenproblemen zum Einsatz. Ein Forscherteam an der Universität Würzburg wählte sie gar zur »Arzneipflanze des Jahres 2012«. Aus allen Lakritz-Ländern dieser Welt – von Island bis Italien – kommen die 500 Sorten, wobei jedes Land seine Spezialitäten hat. So kann Schweden besonders gut salziges Lakritz und Lakritz mit Fruchtgummi. Island steht für die Kombination Lakritz und Schokolade. Und Italien hat das echte, reine Lakritz perfektioniert.

Geschmacksträger ist die Süßholzwurzel, die am leicht herben Aroma »schuld« ist. Gewürzt mit Zucker, Salmiaksalz, Lorbeer, Chili, Pfeffer und Anis entstehen dann die leckeren Bonbons. Beim Blick durch den hellen Geschäftsraum entdecken wir in den Regalen den süßen »Harlekin«, das würzig fruchtige »Chili Röd«, den heftig salmiakigen »Nonnentröster« oder auf einem der Ausstellungstische eigens für die Lakritzerie hergestellte Lakritz-Pralinen und Lakritz-Schokolade.

Von Barbara Matthias und ihren Mitarbeiterinnen werden die Kunden kompetent und mit sichtbar viel Freude durch das Angebot geführt. Natürlich darf auch probiert werden. Aus den 80 Sorten loser Lakritze kann man sich selbst eine bunte Vielfalt zusammenstellen. Neben dem schwarzen Stoff der Begierde gibt es zudem auch Fruchtgummi in Süß und Sauer, über 20 Sorten feine englische Fudges, Schokoladen und Pralinen. Ein Schlaraffenland für Naschkatzen – und für Süßholzraspler!

Adresse Barmbeker Straße 189, 22299 Hamburg (Winterhude), Tel. 040/38632113, www.lakritzerie.com, E-Mail: info@lakritzerie.com | **ÖPNV** U 1, Haltestelle Hudtwalcker-straße, Bus 109, Haltestelle Winterhuder Marktplatz | **Öffnungszeiten** Mo–Fr 10–18.30 Uhr, Sa 10–14 Uhr

55 Hilde Leiss
Galerie für Schmuck

Die Dinge des Lebens

Kultstatus wäre ein Understatement. Wer ihren Schmuck sieht, ist begeistert, wer ihn tragen darf, ist hingerissen, wer ihn behalten darf, ist glücklich. »Was besonders ist, darf sich hier sehen lassen«, sagt Hilde Leiss über zeitgenössischen Schmuck und internationales Kunsthandwerk der Spitzenklasse. Sofern die Besucher die Galerie schon kennen, zieht es sie unweigerlich durch die vorderen Verkaufsräume hindurch nach hinten in die seitliche Ausstellungshalle. Hier gibt es Präsentationen von Kleidung und Schuhen, die wechselnden, ausgewählten Modeschöpfern gewidmet sind. Neben den Gästen ist Leiss mit ihren eigenen Schmuck-Kreationen immer präsent.

Der ehemalige Direktor des Hamburger Museums für Kunst und Gewerbe, Professor Dr. Wilhelm Hornbostel, beschreibt die Galeristin als »eine Persönlichkeit, die charmant ist, direkt, unprätentiös und zupackend, und mitten im Leben steht«. Und so ist sie wirklich. Eine Frau, die Menschen für sich einzunehmen weiß.

Die 250 Quadratmeter großen und großzügig gestalteten Räume befinden sich in einem der ältesten Kontorhäuser der Hansestadt und bieten den Besuchern aus aller Welt genügend Raum und Räumlichkeiten für einen perfekten Ein- und Durchblick. Der Stil der Galerie basiert nicht auf modischen Trends, sondern auf ihrem Gespür für Design – klar und pur. Damit spricht sie seit über einem Vierteljahrhundert eine Klientel selbstbewusster Frauen und Männer an, für die Schmuck und Kunsthandwerk nicht nur kurzlebige dekorative Attribute sind, sondern Dinge, die weit über den Moment hinaus Bestand haben werden.

Kein Wunder also, dass diese Galerie für viele Liebhaber den kürzesten Weg zu den schönen Dingen des Lebens darstellt – und auch einen angesagten Treffpunkt für Menschen, die Mode, Kunstobjekten und besonderem Geschmeide große Freude abzugewinnen verstehen. Schmuck und Schmuckes mit dem Faktor Kult.

Adresse Großer Burstah 38, 20457 Hamburg (Speicherstadt), Tel. 040/365574, www.hilde-leiss.de, E-Mail: info@hilde-leiss.de | ÖPNV S 1, 2, 3, Haltestelle Stadthaus-brücke, U 3, Haltestelle Rödingsmarkt | Öffnungszeiten Mo – Fr 10 – 19 Uhr, Sa 10 – 16 Uhr

56 L.D. Leder Design

Pimp Your Bag

»Drei Dinge braucht es für eine Lieblingstasche: den besonderen Look, praktische Details und eine gewisse Robustheit, damit man gemeinsam reift«, so Inhaberin Claudia Hellmundt. In den hellen Werkstatträumen des Hinterhauses rattern jahrzehntealte Pfaff-Ledernähmaschinen. Weiches schmiegsames Kalbsleder wird von der Mitinhaberin Claudia Tiedemann zugeschnitten, nach eigenem Design der beiden. Es sei ungeheuer aufregend gewesen, begierige Blicke der Käufer auf die Ledertaschen der ersten eigenen Kollektion zu sehen.

In ihrem stimmungsvollen Geschäft in Eppendorf hat man das Vergnügen einer großen Auswahl von Kandidatinnen für die ultimative Lieblingstasche: von der Clutch bis zur stylischen Businessbag, vom edlen Rucksack bis zur außergewöhnlichen Reisetasche, von der praktischen Messengerbag bis zur lässigen Aktentasche. Diese schönen Stücke sind keine Saison-Sternschnuppen, sondern haben das Potenzial zur längeren Partnerschaft schon durch die Materialauswahl. Für das Außenleder wird ausschließlich feinstes Kalbsleder aus der Toskana verwendet, weil es wesentlich leichter und strapazierfähiger ist als Rindsleder. Und erst die inneren Werte: Alle Fächer sind aus hellem Porcleder. Das sieht stark aus und hat einen praktischen Effekt: So lässt sich auch Kleinteiliges auf einen Blick finden. Wühlen ist passé.

Nicht zuletzt wäre da die hochwertige Verarbeitung. Was diese schönen Stücke endgültig zur Lieblingstasche macht: Jedes Modell kann man sich – »Pimp Your Bag« – individuell ausstatten lassen. Es ist ein Taschen-Baukasten-System: Man sucht sich ein Grundmodell aus und erweitert es nach eigenem Geschmack. So entsteht ein fast maßgeschneidertes Unikat, das in der hauseigenen Werkstatt hergestellt wird. Im Laden gibt es dazu passende Accessoires. Hier braucht nicht zu prüfen, wer sich ewig behängt. Hier sucht frau nicht, frau findet. Mann übrigens auch.

Adresse Eppendorfer Weg 255, 20251 Hamburg (Eppendorf), Tel. 040/4204050, www.lederdesign-hamburg.de, E-Mail: info@lederdesign-hamburg.de | **ÖPNV** U 3, Halte-stelle Eppendorfer Baum, Bus 5, Haltestelle Eppendorfer Weg (Ost) | **Öffnungszeiten** Mo – Fr 11–19 Uhr, Sa 10–16 Uhr

57 Lienau Spielzeug

Holz lebt!

Tradition, die weiterwächst: In dem 1926 gegründeten Familienunternehmen, das heute in der dritten Generation von Christine Lienau und ihren Eltern Jürgen und Sybille Lienau geführt wird, ist dieses Flair von dem guten alten, mit viel Engagement und Liebe geführten Spielzeuggeschäft über die Jahrzehnte erhalten geblieben.

Heute finden sich neben den hochwertigen Holzspielwaren und Spielen für die ganze Familie auch Neuheiten aus den Bereichen Basteln, Outdoorspiele und Bilderbücher. Ging es bis in die 80er Jahre primär um die Belieferung von Schulen und Kindergärten mit Lehrmitteln und Bastelmaterial, änderte sich seither allmählich das Angebot. Dem Anteil von gutem Spielzeug, vermehrt von engagierten Eltern nachgefragt, kam eine immer größere Bedeutung im Sortiment zu. Die Aufgabe jedoch, Kindern Spielzeug oder Beschäftigungsmaterial anzubieten, das die Kreativität fördert und die Phantasie herausfordert, blieb. So entstanden schon sehr früh eigene Serien, die bis heute im Sortiment zu finden sind: Der Lienau Bauwagen oder die Besonderheit, dass man bei Lienau Bausteine nach Gewicht kaufen kann. Sogar auf der Weltausstellung in Brüssel 1958 wurde der von Detlef Lienau entwickelte Sandschleppzug ausgestellt.

Auch für die Tochter und seit 2010 Mitinhaberin Christine Lienau gilt: »Gutes Spielzeug und alles, was dazugehört, ist nach wie vor unsere Leidenschaft. Es verändert sich allerdings wieder etwas an der Situation. Immer mehr traditionelle Hersteller von Holzspielzeug geben auf. Das Bedürfnis nach Sicherheit im Spielzeug hat dazu geführt, dass kleine Unternehmen die hohen Prüfungskosten für ein Zertifikat nicht bezahlen können, weil ihre Stückzahlen beschränkt sind. Trotzdem sind unsere Waren größtenteils in Deutschland gefertigt und erfüllen alle Sicherheitsmerkmale.« Hier werden Holz und haptische Tradition überleben. Hier gibt es noch Spielzeug zum Anfassen.

Adresse Eppendorfer Baum 13, 20249 Hamburg (Eppendorf), Tel. 040/453750, www.lienau-hat-das-Zeug-zum-spielen.de, E-Mail: eppendorf@wolkenstuermer.de | **ÖPNV** U 1, Haltestelle Klosterstern, U 3, Haltestelle Eppendorfer Baum, Bus 114, 605, Haltestelle Eppendorfer Baum | **Öffnungszeiten** Mo–Fr 10–19 Uhr, Sa 10–18 Uhr

58 __ Lockengelöt

Auch Dinge haben sieben Leben

Gibt es ein Leben danach? Nicht wenige, lieb gewonnene Alltags-gegenstände scheinen stumm und vorwurfsvoll diese eine Frage zu stellen. Bei Lockengelöt in St. Pauli weiß man: Kein Problem.

»Recycling, Redesign, Zweckentfremdung«. Stets gehört die Verblüffung dazu, wenn man den kleinen Laden in der Marktstra-ße betritt. Was hier zuverlässig lauert, ist der Überraschungseffekt angesichts der eigenwilligen Produkte, die angeboten werden und zu faszinieren und überzeugen wissen. Genau besehen handelt es sich auch nicht um Recycling, die Wiederverwendung von Roh-stoffen, allerdings durchaus um eine analoge Denkweise. In jedem Detail zeigt sich ein witzig-subversiver Umgang mit der Wegwerf-gesellschaft. Da wird schon einmal die Hardcover-Ausgabe eines Romans zum Brett für Schlüsselhaken umfunktioniert, was allemal geistreicher und attraktiver erscheint als traditionelle Altpapierver-wertung. Auch so kann ein »Schlüsselroman« entstehen.

Redesign und Wiederverwendung von Alltagsgegenständen sind das Produktionsprinzip: Dinge sinnlich fassbar umzudefinie-ren und dabei etwas bis dahin Ungesehenes zu gestalten, wobei der alte Gegenstand stets sichtbar bleibt, auch begrifflich. Seit 2004 werden Ölfässer zu Schränken, Haartrockner und Schallplatten zu den Wandleuchten »Hedwig 3000« und »Leonora«. Vinyl verwan-delt sich auch in die Pendeluhr »Kronometer«, in den Eierbecher »Vinyl-Nest« oder in den Klopapierhalter »Hauptrolle«. Alles in feinster Handarbeit, alles in Hamburg.

Mittlerweile ist die kultige Manufaktur von Dennis Schnelting und Carsten Trill zur Designschmiede geworden. Über zwölf Ge-schmacksmuster wurden angemeldet und ein Vertrieb mit etwa 100 Geschäften aufgebaut, darunter viele im europäischen Ausland. Der Boom um die neuen Leben der Dinge erreicht bequem jeden, der dabei sein möchte. Hingehen oder online stöbern reicht. Lust auf weniger Klopapier und auf mehr Hauptrolle im Leben?

Adresse Marktstraße 119, 20357 Hamburg (St. Pauli), Tel. 040/89001326, www.lockengeloet.com, E-Mail: carsten@lockengeloet.com | **ÖPNV** S 11, 21, 31, U 3, Haltestelle Sternschanze, U 2, Haltestelle Messehallen, U 3, Haltestelle Feldstraße | **Öffnungszeiten** Mo – Fr 11 – 19 Uhr, Sa 11 – 18 Uhr

59 Lunge Laufladen

Am laufenden Band

»Gehen und Laufen ist eine der natürlichsten menschlichen Bewegungen, aber die Natur gibt auch jedem Einzelnen unterschiedliche körperliche Voraussetzungen mit«, so Lars Lunge, der wie sein Bruder Ulf seit 30 Jahren begeisterter Marathonläufer ist. Fast ebenso lange verkaufen die Brüder Schuhe. Ob ein Schuh zum Menschen passt – diese Frage steht im Mittelpunkt der Verkaufsgespräche in den drei Hamburger Filialen, die ausschließlich spezialisiert sind auf Artikel rund ums Laufen, vor allem auf Lauf-, Walking- und Freizeitschuhe.

Der Laden in der Innenstadt geht mit einem neuen Konzept voran und hebt sich so auch von den Mitbewerbern ab: Standard ist eine videokontrollierte Beurteilung des Laufverhaltens auf einem Laufband. Neu bei Lunge ist eine umfassende Bewegungsanalyse von der Sohle bis zum Scheitel, die eine medizinisch-orthopädische Empfehlung beim Schuhkauf ermöglicht, etwa die Auswirkungen der Fußstellung auf Kniebelastung und Körperbau betreffend. Filialleiter Lothar Ruth weist auf eine Ausstellungswand, wo 100 verschiedene Schuhmodelle stehen. »Am Ende der Beratung kann ich sagen, welche drei Schuhpaare für den Kunden am besten geeignet sind.«

Etwa zehn Prozent der verkauften Schuhe sind sichtbar anders: Es sind Schuhe aus eigener Herstellung, die in Mecklenburg-Vorpommern produziert werden. Lunge ist der einzige deutsche Hersteller von Laufschuhen. Während andere ihre Sohlen aus Plastikmaterial herstellen, werden die eigenen Sohlen aus einer vulkanisierten Gummimatte geschnitten, die zwar mehr wiegt, aber auch wesentlich bessere Dämpfungseigenschaften hat. »Für die Funktionalität ist gutes Aussehen ohnehin nicht wichtig«, sagt Ulf Lunge. Worauf es bei den eigenen Schuhmodellen ankomme, sei Fußführung, Griffigkeit und Langlebigkeit. Auch sozial verantwortlich und umweltschonend soll die Herstellung sein. So wird ein Schuh draus.

Adresse Ferdinandstraße 55-57, 20095 Hamburg (Neustadt), Tel. 040/321430, www.lunge.de, E-Mail: info@lunge.de | **ÖPNV** S 1, 2, 3, U 1, 2, 3, 4, Haltestelle Jungfernstieg, U 3, Haltestelle Mönckebergstraße | **Öffnungszeiten** Mo–Fr 10.30–19 Uhr, Sa 10–18 Uhr

60__Maltuche + Künstlerbedarf
Meister und Meisterschüler

Zwei Leben und ein Laden für die Kunst: »Der persönliche Kontakt der Künstler untereinander und mit uns ist wichtig und soll durch die spezielle Atmosphäre des Ladens gefördert werden«, sagt Inhaber Michael Radigk, der das Geschäft seit 1983 gemeinsam mit seiner Frau Anneli Emrich führt. »Ist doch wirklich schade, wenn jemand an den Möglichkeiten seines Talentes vorbeigeht, weil er wenig geeignetes Material gekauft hat.« So weisen bereits die Schaufenster mit Schriftzug und Emblem der englischen Traditionsfirma Winsor & Newton und die Auslagen von frühen Ölfarbtuben und Malutensilien der Jahrhundertwende aus: Hier geht es um Künstlertradition und – vor allem – Qualität.

Das Geschäftslokal mit zwei hinteren, etwas höher gelegenen Räumen ist aufs Effizienteste raumsparend ausgenutzt – enggepackter und doch zugleich übersichtlich geht nicht mehr. Was man sieht, ist ein Schreibtisch, eine Tischleuchte und Michael Radigk, der auch einmal Soziologiestudent gewesen ist, heute aber mit seinem langen ergrauten Haar die Aura eines Kunstprofessors verströmt.

Das ehemalige Geschäftshaus einer Zigarrenmanufaktur mit in den oberen Etagen immer niedriger werdenden Werk- und Lagerräumen ist *das* Fachgeschäft für erlesene Künstlermaterialien. Heute dürfte es in Hamburg keinen zweiten inhabergeführten Laden mehr geben, der sich derart spezialisiert hat. Neben dem umfangreichen Sortiment ist es wahrscheinlich auch die besondere familiäre Atmosphäre, die die Künstler und Hobbykünstler immer wieder hierherkommen lässt.

Bei Michael Radigk und Anneli Emrich erhält man nicht nur fachmännischen Rat, sondern auch ganz praktische Hilfe, etwa bei der Bespannung von Keilrahmen in jedem beliebigen Format. Im großen Sortiment an Farben, Hilfsmitteln, Rahmen oder Pinseln findet jeder das passende Material ausgewählter Hersteller. Der Ort der Wahl für Meister und solche, die es werden wollen.

Adresse Bahrenfelder Straße 49, 22765 Hamburg (Ottensen), Tel. 040/395454, www.maltuche.de, E-Mail: m.radigk@maltuche.de | **ÖPNV** S 1, 2, 3, 11, 31, Haltestelle Altona, Bus 1, Haltestelle Bahrenfelder Straße | **Öffnungszeiten** Mo–Fr 11–18.30 Uhr, Sa 11–14 Uhr

61 Männerträume

Alles für große Jungs

In jedem richtigen Mann steckt ein kleiner Junge. »Stimmt«, sagt Martina Topf, Inhaberin des Ladengeschäftes Männerträume in Hamburg-Uhlenhorst. In ihrem Geschäft hat sie viele Dinge zusammengetragen, die die Herzen kleiner und großer Jungs höher schlagen lassen. Alles dreht sich um Technik im engeren wie im weiteren Sinne: Dampfmaschinen, ferngesteuerte Flugmaschinen, mechanische Uhren, altes und neues Blechspielzeug, alte Telefone, edle Feuerzeuge und vieles mehr. Aber auch Modelle von Autos, Schiffen, Eisenbahnen und Flugzeugen gibt es in diversen Maßstäben und von namhaften Firmen wie Wiking, Schuco oder Märklin, um nur einige zu nennen.

Es bleibt jedoch nicht nur bei Modellen, Mann kann seinen Spieltrieb auch im Maßstab 1:1 ausleben – mit einem alten Vespa-Roller oder einem Flipperautomaten. Auch Fahrräder, Motorräder und Oldtimer sind immer wieder im Angebot. Dabei geht es nicht immer nur um Altes, seit Neuestem haben auch hochmoderne E-Bikes einen Platz in Martina Topfs buntem Angebot gefunden. Probefahrer sind jederzeit herzlich willkommen.

Wer nun denkt, man müsse bei Männerträume immer tief in die Tasche greifen, hat weit gefehlt. Witzige Geschenke gibt es schon für ein paar Euro. Doch nicht nur Suchende sind hier gern gesehen. Hat jemand auf seinem Dachboden vielleicht ein »Schätzchen« entdeckt, ist Männerträume der richtige Ansprechpartner für Ankauf, Kommission und Auktion. Überhaupt ist hier jeder gern gesehen, der gute Laune mitbringt. Martina Topf macht es vor. Sie führt ihren Anlaufpunkt für große Jungs mit der passenden Portion Humor: »Dass eine Frau einen solchen Laden betreibt, ist sicher ein Hinweis darauf, dass zwischen den Geschlechtern doch keine unüberbrückbaren Gräben liegen.« Nicht zuletzt deshalb kommen viele Frauen auf der Suche nach Geschenken – für ihre Männer.

Adresse Papenhuder Straße 59, 22087 Hamburg (Uhlenhorst), Tel. 040/22600080, www.männerträume-norderney.de, E-Mail: info@maennertraeume-norderney.de | **ÖPNV** U 2, Haltestelle Mundsburg & Uhlandstraße | **Öffnungszeiten** Mo – Fr 11 – 18 Uhr, Sa 11 – 16 Uhr

62 Manufactum Hamburg

Die guten Dinge

»Manche Kunden freuen sich über den Retrolook unseres Sortiments zu Unrecht. Wir schauen nicht zurück, wir bewahren, indem wir wirklich guten Produkten einen Verkaufsweg sichern. Bei kleineren Herstellern ist dies leichter, bei größeren Produktionen reicht die eigene Vertriebsstärke nicht aus«, sagt der Filialleiter und studierte Meeresbiologe Torsten Jachalke.

»Otto Versand Hamburg« – der Dreiklang wurde zur Erkennungsmelodie der Werbespots in Funk und Fernsehen. Zum Portfolio des bekannten Hamburgers Michael Otto und seiner Familie gehört auch der Versandhandel von Manufactum sowie deren Einzelhandelsgeschäfte in verschiedenen deutschen Städten. Obwohl also keineswegs inhabergeführt, gehört das Geschäft nicht nur wegen des weiträumigen Angebots im 1924 vom Architekten Fritz Höger avantgardistisch gebauten Chilehaus zu den besonderen Geschäftsadressen der Hansestadt. Es zeichnet sich nämlich auch durch eine große Individualität des Warensortiments aus; im Angebot sind hauptsächlich Haushaltswaren, aber auch Kosmetik, Möbel, Bekleidung, Bürobedarf, Lebensmittel, Gartenzubehör und insgesamt mehr als 6.000 Gebrauchsartikel.

Darunter vielfach Klassiker, die nicht nur aufgrund ihrer Technik und des verwendeten Materials ein langes Leben haben, sondern auch, weil sie über Moden und Trends stehen. Es sind Dinge, die in einem umfassenden Sinne »gut« sind, nämlich nach hergebrachten Standards arbeitsaufwendig gefertigt und daher solide und funktionstüchtig; sie sind aus ihrer Funktion heraus materialgerecht gestaltet und daher schön, aus klassischen Materialien wie Metall, Glas und Holz hergestellt, reparierbar – also nachhaltig und umweltschonend. Thomas Hoof, der Manufactum vor gut 25 Jahren gründete, bereichert das Sortiment weiterhin durch sinnvolle Gebrauchsartikel aus eigener Produktion und stärkt damit das Verkaufsmotto. »Es gibt sie noch, die guten Dinge.«

Adresse Fischertwiete 2 (Eingang Burchardplatz), 20095 Hamburg (Altstadt), Tel. 040/30087743, www.manufactum.de, E-Mail: hamburg@manufactum.de | **ÖPNV** U 1, Haltestelle Meßberg | **Öffnungszeiten** Mo–Fr 10–19 Uhr, Sa 10–18 Uhr

63 Maßschuhmacherei Keil

Besondere Hände

Zuerst schlossen die Fabriken, dann zogen die Arbeiterfamilien weg. Heute gehört Ottensen auf dem Wohnungsmarkt zu den besonders nachgefragten Stadtteilen. In den Straßen haben neue Geschäfte das Bild verändert, und auch den vorbeifahrenden Pendlern aus den Elbvororten ist der kleine Eckladen sicherlich aufgefallen, in dem der 35-jährige frisch gekürte Schuhmachermeister Thomas Keil 2011 seine Werkstatt eingerichtet hat.

Besondere Hände machen besonderes Schuhwerk. Wenn man Schumacher Thomas Keil durch sein Schaufenster bei der Arbeit zuschaut, hat man das Gefühl, die Zeit wäre stehen geblieben. Handarbeit mit magischer Anziehungskraft, denn nur zu gerne wird der Schuhmacher von Passanten bei seiner Arbeit bestaunt. Eine alte Werkbank, Gerätschaften, ein Hocker und ein kleines Ledersofa aus Opas Zeit – das ist der Arbeitsplatz von Thomas Keil.

Der Schuhmachermeister arbeitet sehr traditionsbewusst und das mit sehr viel Leidenschaft und Hingabe. Geduldig nimmt er von jedem Fuß ein genaues Maß und passt die Leisten, den Schaftbau, die Brandsohle und das Leder den individuellen Eigenschaften des Fußes an. Nicht in einer Woche, sondern frühestens in zwei Monaten ist das Schuhwerk vollendet. Mit dem Prädikat: besonders wertvoll.

Aber auch für die moderne To-go-Gesellschaft bietet der Schuhmacher stilvolle Konfektionsschuhe an, die nach Farbe und Modell mit dem Kunden zusammen bestimmt werden können. Bei Thomas Keil ist der Kunde König, und der Meister nimmt sich immer gerne die Zeit für eine individuelle Beratung. Jeder einzelne Schuh ist ein Unikat. Sein Design, sein Material, seine Details – alles wird dem Kunden mit Sorgfalt und Sachverstand ans Herz gelegt, damit der Schuh – wie die Kleidung auch – am Ende wie angegossen sitzt. Nur so kann er nach einer kurzen Zeit des Tragens ein Teil der Persönlichkeit werden: ein Gegenstand nach Maß, der seinen Besitzer prägt, nein: adelt. Ein Leben lang.

Adresse Keplerstraße 20, 22763 Hamburg (Ottensen), Tel. 040/65919903,
www.keil-schuhe.de, E-Mail: thomas@keil-schuhe.de | ÖPNV S 1, 2, 3, 11, 31, Haltestelle
Altona, Bus 1, 250, Haltestelle Große Brunnenstraße | Öffnungszeiten Di–Sa 12–19 Uhr

64 Maudrich

Sprechende Bänder

Das Leben ist wie ein Geschenk, durch Schleifen erst wird es richtig schön. Vom Schleifchen des Taufkindes bis zum Trauerflor: Textile Bänder begleiten uns bedeutungsvoll durch unsere irdische Existenz. Unterschiedliche Materialien in allen denkbaren Farben und Formen drücken Gefühle, Stimmungen und Empfindungen aus.

Vor über 100 Jahren begründete Großvater Rochus Maudrich eine Druckerei für Leder und Buchrücken; seit 1915 entwickelte sich daraus ein besonderer Geschäftszweig. Als Kranzschleifendruckerei bietet heute Enkel Gunnar den besonderen Service insbesondere Floristen und Friedhofsgärtnern an, die er aus den Geschäftsräumen in der Nähe des Hauptbahnhofs mit Trauerflor beliefert.

Wer am Eingang zu den Hochparterreräumen im Bahnhofsviertel von St. Georg mit dem milieutypischen Straßenbild klingelt, betritt die Geschäftsräume, die Versandstelle, Büro und Lager in einem sind. Im Hof findet sich die eigene Druckerei. Zudem hat Maudrich seit 40 Jahren im Blumengroßmarkt einen Verkaufsraum für die Blumenhändler Hamburgs und der Region, die beim Einkauf der Blumen und Pflanzen gleich den Floristenbedarf und das dekorative Schmuckwerk mit erwerben können. Aus diesem Geschäftsmodell erklärt sich, warum sich in dutzenden Lagerräumen und Fluren in deckenhohen Regalen Rollen mit Schleifenband in allen Farben, Formen und Bandbreiten stapeln. Ein Regenbogenspektakel eigener Art; wer es nicht gesehen hat, glaubt es nicht.

Gunnar Maudrich erzählt: »Die meisten Leute machen sich gar nicht klar, wozu man überall Schleifen verwendet. Mit den Schleifen hat sich so manche Miss Germany geschmückt, oder die Damen in den Amüsierlokalen von St. Pauli benutzten sie als vollständige Garderobe. Unser Lehrling hat sich damals gerne als Maßschneider engagiert und mal hier und da die Schleife angedrückt.« Bei den letzten Worten grinst er versonnen. Das Leben ist wie ein Geschenk.

Adresse Steintorweg 2, 20099 Hamburg (St. Georg), Tel. 040/244845, E-Mail: r.maudrich@t-online.de | **ÖPNV** S 1, 2, 3, 11, 21, 31, U 1, 2, 3, 4, Haltestelle Hauptbahnhof | **Öffnungszeiten** Mo–Do 9.30–18 Uhr, Fr 9.30–17 Uhr, Sa 8.30–13 Uhr

65 Mein Laden auf der Veddel

Nur keine Angst vor der Perle!

Nobel ist eigentlich anders. Die Großsiedlung Veddel wurde für Arbeiterfamilien gebaut, eingezwängt zwischen Autobahn, Schienen und Straßen des Hafenverkehrs. Heute leben in der Gegend meist Migrantenfamilien. Und doch wächst hier eine »Perle« heran, wie Inhaber Karsten Gollnick sagt. Am östlichen Ende der Veddeler Brückenstraße erregt das Schaufenster seines kleinen Werkstattladens einige Aufmerksamkeit.

In der Auslage sind »Kopftuch-Kollektionen für alle Frauen aller Nationen, Kulturen und Religionen« dekoriert. Im Ladeninneren bietet der gelernte Schneider- und Gewandmeister Taschen, Mode-, Wohn- und Alltagsaccessoires aus eigener Werkstatt zu bezahlbaren Preisen an. Auch regional ist er stark vertreten; mit der »Veddeltasche« aus Wachstuch in diversen Ausführungen »für verschiedene Geschmäcker, Generationen und Gelegenheiten«. Sein absoluter Hingucker, das »Premiumprodukt«: Filztaschen mit erotischen Handsiebdrucken für die Weltoffenen mit Spaß am plakativen Statement.

Ebenso im Sortiment: Originalstoffe aus Vintage-Zeiten, Raritäten aus den Jahren 1960 bis 1990 und jahreszeitabhängig produzierte Winter-Tellerröcke und Sommer-Capes für Damen.

Gollnick wählte die Veddel nicht zufällig. Mit originellen Geschäftsräumen, besonderen Produkten und handwerklichem Können möchte er zur weiteren Entwicklung des Quartiers beitragen. Seine Kundschaft lernt den Produzenten persönlich kennen, was sein Angebot von den großen anonymen Filialisten unterscheidet. Er ist einer, der nicht nur auf der Veddel verkauft, sondern dort auch lebt und arbeitet. Ihm liegt daran, dass sich die Menschen aus ganz Hamburg in seinem Laden wohlfühlen, sich entspannt umschauen, ihre persönlichen Entdeckungen machen und das Ungewöhnliche im Alltäglichen finden können. Inmitten der Tristesse reift eine Perle des Besonderen. Wenn das nicht nobel ist.

Adresse Veddeler Brückenstraße 132, 20539 Hamburg (Veddel), Tel. 040/85404950 & 0172/9422249, www.veddelaner.de, E-Mail: meinladen@hamburg.de | **ÖPNV** S 3, 31, Haltestelle Veddel-Ballinstadt, Bus 34, Haltestelle Hovestieg | **Öffnungszeiten** Vereinbaren Sie Ihren persönlichen Beratungstermin.

66 Meister

Das Parfum

Edle Tradition macht die Meisters: Seit dem 19. Jahrhundert führte die Familie ihr Drogeriegeschäft in verschiedenen Läden nahe dem heutigen Standort, einem der feinsten Viertel der Hansestadt. Als man 2004 in ein liebevoll restauriertes Stadthaus zog, war man längst spezialisiert.

Nun befindet sich die Parfümerie selbstständig unter üppigen Stuckdecken und schwebenden, modernen Kronleuchtern aus glänzendem Chrom und Glas. Die Wände leuchten in tiefem Bordeauxrot. Hohe dunkle Regale aus amerikanischem Walnussholz präsentieren feinste Flakons, edel verpackte Cremes und Lotionen. In der Luft liegt der zarte Hauch exklusiver Essenzen. Kilian, Comme des Garçons, Escentric Molecules oder Bond No. 9 – die Duftserie aus New York – sind nur einige Beispiele für die klangvollen Nobelmarken, welche die anspruchsvolle Kundschaft bei Meister findet. »Unsere Spezialität sind Luxusdüfte, die nur von wenigen getragen werden«, erklärt Martin Meister, Urenkel des Gründers.

Zusammen mit seiner Frau Nadja fliegt er mehrmals im Jahr nach Paris, Mailand und New York, um dort die neuesten Trends der Kreateure aufzuspüren. Von ihrer letzten Reise haben die beiden ein ganz besonderes Dufterlebnis mitgebracht: »Odori« – ein Duft aus den mediterranen Gärten Italiens. Gut zu wissen: Die Meister-Parfümerie verfügt über ein breites Angebot besonderer, selten gewordener Düfte, etwa Halston, Patou und alle Guerlain-Klassiker.

Zwei zum »Maître de Parfum« ausgebildete Mitarbeiterinnen beraten mit außergewöhnlichem Wissen; auf der zwei Stufen erhöhten Kosmetik-Terrasse werden die neuesten Make-up-Looks präsentiert. In der Make-up-Lounge lädt entspannte Atmosphäre zu einem wöchentlich wechselnden Programm: von der Exklusivberatung durch einen Chanel-Visagisten bis zur Spezialberatung durch kompetente Mitarbeiter, die in Seminaren stetig neues Know-how erlangen – über das Parfum und seine Meister.

Adresse Eppendorfer Baum 12, 20249 Hamburg (Eppendorf), Tel. 040/57009835, www.meister-parfumerie.de, E-Mail: info@meister-parfumerie.de | **ÖPNV** U 1, Haltestelle Klosterstern, U 3, Haltestelle Eppendorfer Baum | **Öffnungszeiten** Mo–Fr 10–19 Uhr, Sa 10–18 Uhr

67 Mercato Piazza

Schmausen und Schauen

Fleischliche Genüsse, die durch den Magen gehen, waren hier schon immer Thema. Blümchenmotive und die kunstvoll gekachelten Räume des überdachten Marktplatzes erinnern noch heute an eine alte Schlachterei des 19. Jahrhunderts, die hier bis 1956 ihre Fleisch- und Wurstwaren hinter den hohen Holzschaufenstern feilgeboten hat.

Nach unterschiedlichen Nutzungen renovierte die heutige Inhaberin Frau Schmidt-Hietschold die Räumlichkeiten umfangreich, um seit 1986 unter dem Kronleuchter aus italienischen Glaslüstern in zwei gegenüberstehenden Theken Feinkostprodukte nach Art einer italienischen Salumeria offerieren zu können: darunter zahlreiche kulinarische Leckereien wie Käse, Salami, Schinken und eine große Auswahl an selbst zubereiteten Antipasti, die man sich an einigen wenigen Tischen zum täglich wechselnden Mittagstisch munden lassen kann.

Was aber wäre ein Markt ohne zahlreiche verschiedene Stände der unterschiedlichsten Art? In den Regalen finden sich feine Weine, Öle, Pasta, Gebäck und Schokolade. Über einige Treppenstufen gelangt man in hochherrschaftlich stuckverzierte Räume des Hochparterres, die einen kleinen verwinkelten Rundgang zwischen gut ausgewählten Haushalts- und Einrichtungsgegenständen für innen und außen erlauben: Schönes Porzellan für Bad und Küche, farbig gemusterte Trockentücher, Gläser, Vasen, Bilderrahmen, Kerzen und Möbelstücke, Tische, Stühle, Bänke und Regale sind reizvolle Unikate im Stil des Shabby-Chic.

Schmidt-Hietschold erinnert sich: »Damals gab es das Konzept, kulinarische Genüsse im gemütlichen Ambiente eines dekorativen Einkaufserlebnisses anzubieten, noch nicht. Ich beschäftige dafür zwei Köche, die täglich Köstlichkeiten frisch zubereiten.« Unterstützt wird sie dabei seit einigen Jahren von ihrem Sohn und seiner Ehefrau. »Es ist noch netter mit den beiden.« So ist sogar die Arbeit ein Genuss.

Adresse Eppendorfer Landstraße 144, 20251 Hamburg (Eppendorf), Tel. 040/486646, www.mercato-piazza.de, E-Mail: post@mercato-piazza.de | **ÖPNV** U 1, 3, Haltestelle Kellinghusenstraße, U 1, Haltestelle Hudtwalckerstraße, Bus 25, Haltestelle Eppendorfer Marktplatz | **Öffnungszeiten** Mo–Fr 10–19 Uhr, Sa 10–16 Uhr

68 Messie De Luxe

Der etwas andere Schlendrian

Das Edel-Chaos ist perfekt. Noch besser: Hier darf man sogar genussvoll trödeln und in der wohligen Atmosphäre einen Kaffee oder Tee in drei »Wohn-Räumen« im gründerzeitlichen Alt-Wilhelmsburg genießen, wie die Inhaber Jörg Rüdiger Rickert und Lucas David Cismic betonen.

Dass man alle ausgestellten Objekte, ja selbst die komplette Wohnungseinrichtung käuflich erwerben kann, klingt zu schön oder wahlweise zu bizarr, um wahr zu sein, verwundert aber nicht mehr, wenn man sich die Firma genauer betrachtet: »Modedesign & Interior Design by Rickert Jörg & Partner LSD« nennt sie sich, und nicht etwa GmbH. Als »Messies« haben sich die beiden empfunden, als sie vor der Eröffnung im Sommer 2010 einen großen Teil des Angebots in der nahe gelegenen Wohnung unterbringen mussten – die Köpfe allerdings voll mit Ideen »de Luxe«.

Der Laden hat eingeschränkte Öffnungszeiten, denn beide arbeiten als Designer und Lucas auch als Kostümbildner. In ihrem Atelier nähen sie Unikate wie hochwertige Taschen in limitierter Auflage, wunderschöne Einzelstücke aus französischer Seide, Baumwollsamt oder aus Vintagestoffen etwa. Ein großer Teil des von ihnen entworfenen Angebots, schlicht »Elbinseldesign« genannt, fertigen sie selbst. Zudem gibt es originell gestaltete Kissen, Tagesdecken, Vorhänge, T-Shirts, Schals und dergleichen in limitierter Kleinauflage, die von einer Hamburger Nähwerkstatt hergestellt werden.

Die beiden kreativen Köpfe von Messie De Luxe bieten auch begehrenswerte Inneneinrichtungsgegenstände an. Neben Neuem gibt es viele Unikate und Originale, wie Lampen, Zeichnungen, bequeme Sessel, Kommoden, Geschirr, Tische, Stühle aus den 30er bis 80er Jahren eines vergangenen Jahrhunderts. Trödel. Aber eben vom Feinsten. Die Elbinsel-Perle ist all jenen zu empfehlen, die das Besondere für sich und ihre Wohnung entdecken möchten – mit Lässigkeit de Luxe.

Adresse Mokrystraße 17, 21107 Hamburg (Wilhelmsburg), Tel. 0172/4567841, www.messie-de-luxe.de, E-Mail: info@messie-de-luxe.de | **ÖPNV** S 3, 31, Haltestelle Veddel, Bus 13, Haltestelle Stübenplatz | **Öffnungszeiten** Do & Fr 15–20 Uhr, Sa 11–19 Uhr

69 Shop im Miniatur Wunderland

Knuffingen Airport und mehr

Achtung Modellbaufans. Wundern Sie sich nicht, wenn es auch Sie ereilt. Viele Besucher wollen es gar nicht wieder verlassen, dieses Märchenland der Miniaturen. Seit 2001 gedeiht hier die phantastische Idee der Gebrüder Frederik und Gerrit Braun und wächst und wächst und wächst. Auf inzwischen mehr als 1.300 Quadratmetern Ausstellungsfläche auf mehreren Stockwerken in einem Lagerhaus der Speicherstadt kreisen im Maßstab 1:87 930 digital gesteuerte Züge, Dampf- und Elektroloks, Bummel- und Schnellzüge bis hin zum Transrapid auf 13.000 Kilometern. Zu den vielfältigen und detailverliebten Themenwelten gehören wiedererkennbare Landschaften aus Skandinavien, Deutschland, Österreich und der Schweiz bis hin zu Szenerien des entfernten Amerika. Zu bestaunen ist auch der Hamburger Flughafen, der hier als kleinster Verkehrsflughafen der Welt liebevoll »Knuffingen Airport« genannt wird. Auch ein Modell der Elbphilharmonie gehört dazu. Unmittelbar vor dem Ausgang schließlich befindet sich ein Wunderland für Modellbaufans, wo in offenen Regalen von bekannten Marken Lokomotiven, Waggons, Autos, Gebäude und Figuren angeboten werden. Wer noch mehr möchte, findet vieles in Modellbausätzen, Klebeband inbegriffen. Wunder to go.

Melanie Bothur, langjährige Wunderländerin, erinnert sich: »Damals haben wir mit einem kleinen Tresen und dem Verkauf von Modellautos und Postkarten angefangen – heute verkaufen wir fast alles, was das Besucherherz begehrt. Von sehr beliebten Blechschildern der bekanntesten Hamburger Straßen bis hin zu ausgewählten maritimen Souvenirs bieten wir unseren Gästen ein breit gefächertes Produktsortiment.« Auch die jeden Monat neu erscheinenden Spenden-Pins und Magnete erfreuen sich großer Beliebtheit. So bleibt zu hoffen, dass viele Menschen das Miniatur Wunderland besuchen und – ob als Erinnerungsstück oder Mitbringsel – wundersame Dinge in die Welt tragen.

Adresse Kehrwieder 2, Block D, 20457 Hamburg (Speicherstadt), Tel. 040/3006800, www.miniatur-wunderland.de, E-Mail: info@miniatur-wunderland.de | **ÖPNV** U 3, Haltestelle Baumwall | **Öffnungszeiten** täglich wechselnd, siehe Homepage

70__Montblanc Boutique

Im Zeichen der sechs Gletscher

Wahre Gipfelstürmer. Die Montblanc Boutique im Neuen Wall, der elegantesten Einkaufsstraße der norddeutschen Metropole, wirkt so edel und elegant gestylt wie alle anderen weltweit circa 450 Boutiquen des Unternehmens, in denen überdies hauseigene Luxusartikel wie Uhren und Ledertaschen als modische Accessoires der Nobelklasse verkauft werden. Den Unterschied jedoch macht vor allem einer: jener Füllfederhalter, der symbolhaft für hanseatische Handwerkskunst steht.

Seit Beginn des vorletzten Jahrhunderts hat man daran gearbeitet, ein Schreibgerät zu entwickeln, das mehr war als nur »kleckerfrei«. Seitdem werden diese in Hamburg in über 100 einzelnen bis heute überwiegend identischen Fertigungsschritten und durchweg kunstvoller Handarbeit produziert.

Im Artisan Atelier treiben die hochqualifizierten Montblanc-Designer, Meistergoldschmiede und Edelsteinfasser die Kunstfertigkeit mit jährlichen Sondereditionen auf die Feder-Spitze, wie zuletzt mit dem raffinierten Two-Step-Drehmechanismus der »Montblanc Heritage Collection 1912 Limited Edition«.

1913 wurde ein Füllfederhalter mit sechszackigem Stern, die sechs schneebedeckten Gipfel des Mont Blanc symbolisierend, zum Bestseller und Markenzeichen des Unternehmens.

Der weitere Aufstieg im Verkaufserfolg begann, als Gebr. Stöffhaas 1919 in Hamburg ein erstes autorisiertes Markengeschäft eröffnete. Viel später folgte ein internationaler Gipfelsturm mit internationalen Boutiquen, deren erste 1990 in Hong Kong ihre Türen öffnete. Der stilisierte Stern findet sich in Hamburg nicht nur am Eingangsportal der ersten Manufaktur im bunt-alternativen Schanzenviertel und am heutigen Firmensitz, sondern auch in der »Galerie der Gegenwart« und in der Musikhalle wieder. Für die Kulturförderung ein wahrer Leitstern und Gipfel des Schreibgenusses.

Adresse Neuer Wall 18, 20354 Hamburg (Neustadt), Tel. 040/351175, www.montblanc.com, E-Mail: boutique.hamburg@montblanc.de | **ÖPNV** S 1, 2, 3, 31, U 1, 2, 3, 4, Haltestelle Jungfernstieg | **Öffnungszeiten** Mo – Fr 10.30 – 19 Uhr, Sa 10.30 – 18 Uhr

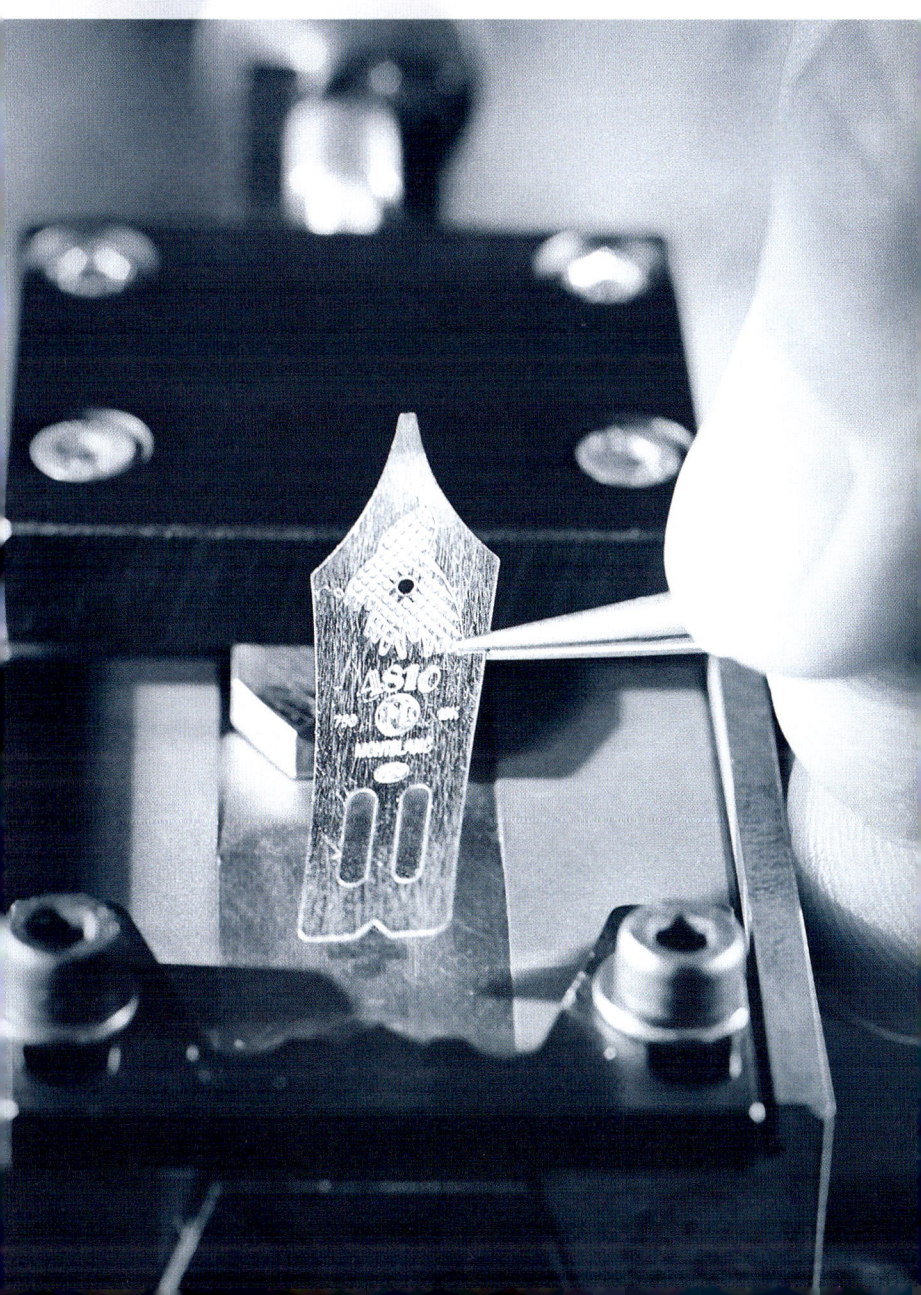

71__Multiple Box

Kunst ist, wenn man trotzdem lacht …

…die lieben Passanten wie der liebe Gott. Hier auf der Fleetinsel finden sich zehn Galerien. In den oberen Etagen haben Künstler, Fotografen, Filmemacher, Musiker und Architekten ihre Ateliers, Studios und Büros. »Die Multiple Box, meine Galerie, möchte der Türöffner der Admiralitätstraße sein und den Menschen die Schwellenangst nehmen, ohne dabei meinen hohen Anspruch herunterzuschrauben«, sagt Galerist Siegfried Sander. »Wer geht schon gerne in Galerien? Oder frei nach Walter Ulbricht: Niemand hat die Absicht, ein Bild zu kaufen!«

Was macht ein Galerist, wenn ihm schließlich bewusst wird, dass er etwas verkaufen möchte, was alle brauchen, von dem aber kaum jemand weiß, dass er es haben muss? Er nimmt es mit Humor. »Kunst ist, wenn man trotzdem lacht«, habe Beuys doch schon lange gewusst. »Von meinem Vater habe ich gelernt, dass man einen Fisch nur fangen kann, wenn man viel über ihn weiß. Vor allem muss man anfüttern! Also fülle ich meine Schaufenster mit kleinen Kunstwerken, die Vorüberziehende zum Anhalten veranlassen und sie neugierig machen.« Da begrüßt einen vielleicht ein goldener Zwerg von Ottmar Hörl und zeigt verschmitzt den Stinkefinger, ein Blechschild von Nam June Paik weiß: »When too perfect, lieber Gott böse.«

Innen findet man ein breites Angebot an zeitgenössischer Kunst von Till Gerhard, Tilman Knop, Andreas Welzenbach und Gert Wiedmaier. Oder Arbeiten in der Preisklasse von Joseph Beuys, Sigmar Polke und Gerhard Richter. Auch sehr präsent: Foto-Journalisten wie Werner Bokelberg, Peter Brüchmann, Roger Fritz, Wolf-Hinrich Groeneveld, Helga Kneidl, Robert Lebeck, Will McBride, Karin Rocholl, Karin Székessy, Nicolas Tikhomiroff, Ica Vilander oder Günter Zint. Sander: »Hier sehe ich einen fast noch unerschlossenen Markt. Es gibt fast nichts Schöneres und Lebensnotwendigeres als Kunst.« Auch wenn ziemlich near-perfect, Gott hier bestimmt nicht böse.

Adresse Admiralitätstraße 76, 20459 Hamburg (Neustadt), Tel. 040/37517510, www.multiple-box.de, E-Mail: mail@multiple-box.de | **ÖPNV** S 1, 2, 3, Haltestelle Stadthausbrücke, U 3, Haltestelle Rödingsmarkt | **Öffnungszeiten** Di – Fr 11 – 19 Uhr, Sa 11 – 17 Uhr

72 Musikkeller

Heulschlauch und Ukulele

Klingt nach verschummerter Bar? Ja und nein. Der 280 Quadratmeter große Musikkeller ist kein Kellerlokal wie der unter Jazzfans legendäre Cotton Club nur wenige Häuser weiter, sondern ein Geschäft für Instrumente, in dem allerdings ebenfalls die Musik spielt, oft mit erstaunlichem Sound. »Das Sammelsurium im Schaufenster ist unverkennbar«, sagt Michaela Furtenbacher, die mit ihrem Mann Günter den Laden seit mehr als 30 Jahren führt. »So finden uns viele wieder, die zufällig vorbeilaufen.«

Das Sortiment ist vielfältig mit Drums, Percussion, Akustikgitarren und Zubehör oder Modellen der beliebten gitarrenähnlichen Ukulele. 1962 hatten die Beatles ihren legendären Auftritt im Star Club, der später – in den jetzigen Räumen des Musikkellers – residierte. Die besonderen Highlights sind Musikinstrumente aus anderen Kulturkreisen wie etwa Indianerflöten aus Peru, Paiste Gongs und Klangschalen. »Bei der Auswahl von Kleinpercussion-Instrumenten achten wir immer auf besondere Klänge.

Und dann gibt es noch die ganz kleinen Klangwelten, die große Freude machen«, strahlt Günter Furtenbacher und hält eine klingende Schneekugel hoch, in der eine kleine Eisenbahn im leise rieselnden Schnee zur Melodie von »Chattanooga Choo Choo« herumkreist. Von der kleinen Drehleier mit etwa 100 verschiedenen Melodien über Spieldosen mit zur Musik tanzenden Figuren und Schmuckkästen bis zur seltenen antiken Kugelspieluhr mit amourösem Bild und Melodie ist alles vorhanden. Auch ein ganzer Jahrmarkt mit Karussell, Riesenrad, Zirkus, Pferderennbahn und Eisenbahn kreist und blinkt dudelnd vor sich hin; es zwitschern kleine bunte Tonvögel, und es ertönt der »Kuckuck, Kuckuck«-Ruf der Pfeifen. Mit den Geräuschen von Waldteufel, Heulschlauch, Donner, Regengeprassel und Klapperschlange könnte man ein Theaterstück komplett beschallen. Hier hat die Welt ihren Klang. Lust auf eine Jamsession?

Adresse Alter Steinweg 15, 20459 Hamburg (Neustadt), Tel. 040/247782, www.musikkeller.de, E-Mail: info@musikkeller.de | **ÖPNV** S 1, 2, 3, Haltestelle Stadthausbrücke, U 3, Haltestelle Rödingsmarkt | **Öffnungszeiten** Mo – Fr 11–18.30 Uhr, Sa 11–18 Uhr

73 Mutterland

Hommage an die heimische Küche

Damit man mit Genuss isst, was auf den Tisch kommt: Seit 2007 bietet der Produktdesigner und frühere Gastronom Jan Schawe in seinem Feinkostgeschäft gegenüber dem Schauspielhaus Waren an, die vornehmlich im heimatlichen Hamburg und seinem Hinterland angebaut und hergestellt werden –, wozu letztlich die ganze Republik zählt. »Gedacht als liebevolle Hommage an Mütter, Deutschland und die heimische Küche«, so sein ambitionierter Leitgedanke, gilt »Mutterland« heute den Branchenkritikern als Trendsetter in der Feinkostbranche.

In mittlerweile drei Hamburger Geschäften werden ausgewählte Delikatessen angeboten. Produkte globaler Lebensmittelkonzerne, Marken mit irrwitzigen Transportwegen oder Industrie-Erzeugnisse mit künstlichen Zusätzen findet man bei Mutterland nicht. Dafür jedoch schmackhafte Lebensmittel aus familiengeführten Manufakturen, die in überschaubaren Mengen hergestellt oder verarbeitet werden. Von handgerührten Slowfood-Marmeladen und leckeren Honigen über feine Schokoladen, handgefertigte Pralinen, altmodische Bonbons, Obstbrände, eine eigene Tee- und Kaffeelinie bis zu Milchprodukten vom Bio-Bauernhof bietet Mutterland die gesamte Bandbreite heimischer Delikatessen an. Ein weiterer Schwerpunkt sind die tagesfrischen Salate und Butterbrote, Kuchen und Desserts, Suppen und traditionelle Hausmannskost zum Verzehr vor Ort und unterwegs, die nach alten Rezepten frisch zubereitet werden. Dabei wird Umweltschutz in jeder Hinsicht großgeschrieben.

Aufgrund seiner Einzigartigkeit wurde Mutterland 2009 vom Deutschen Einzelhandelsverband zum »Store of the Year« in der Kategorie Food ausgezeichnet und war für den »Leaders Club Award« nominiert, der international die innovativsten Gastronomiekonzepte ehrt. 2010 strich das Team um Jan Schawe den Preis »Best Corporate Design« der Szene-Gastronomie-Zeitschrift FIZZZ ein. Mutter Deutschland macht's möglich.

Adresse Ernst-Merck-Straße 9–11, 20099 Hamburg (St. Georg), Tel. 040/280950614, www.mutterland.de, E-Mail: beratung@mutterland.de | **ÖPNV** S 1, 2, 3, 11, 21, 31, U 1, 2, 3, 4, Haltestelle Hauptbahnhof | **Öffnungszeiten** Mo–Sa 8–21 Uhr

74__Nestshop
Ein Auge für Unikate

Made mit Liebe: Im kleinen Souterrain des Architekturbüros Vogelsanger betreibt die Modedesignerin Sara Tobergte, die einige Jahre zuvor bei bekannten Modefirmen für Kollektionen verantwortlich gewesen ist, ein Atelier mit ihrem Newcomerlabel Tobergte, das sich durch Nachhaltigkeit auszeichnet. »Im Gegensatz zu kurzlebigen Trends entwerfe ich Unikate in meiner Kollektion«, sagt sie. Auf Vintage- und Flohmärkten in Hamburg, Berlin, Amsterdam, London und Paris findet sie Einzelstücke mit originellem Reiz und dem Potenzial, ein Lieblingskleidungsstück zu werden. »Ich arbeite gerne mit Klassikern, die ich auf die aktuellen Trends umsetze und modernisiere.« beschreibt sie ihre Arbeitsweise.

Zudem widme sie sich Kleidungstücken, die ihre Kundinnen über viele Jahre liebgewonnen hätten, und belebe diese mit neuem Design und neuer Passform. Der Atelierraum ist aber nicht nur für sie zum Nest geworden. Die befreundete Hamburger Designerin Sibilla Pavenstedt gründete schon 2008 das sozial-multikulturelle Projekt »Made auf Veddel« für Textilarbeiterinnen des Hamburger Stadtteils Veddel, in dessen Rahmen Frauen mit Migrationshintergrund, die traditionelle Handarbeit in Form von Stricken, Häkeln und Nähen bestens beherrschen, darauf vorbereitet werden, diese in Zusammenarbeit mit engagierten Modedesignern auf den Markt und damit unter die Leute zu bringen.

Es sind hochwertige Kleidungsstücke und Extras, die als Unikate stets ein Etikett mit dem Namen der Frau tragen, die es konkret hergestellt hat, dazu luxuriöse Reise-Accessoires oder einzigartige Saison-Kollektionen wie Ostereier-Schmuck und umhäkelte Weihnachtskugeln aus Kaschmir, Mohair, Merino-Wolle oder Seide – pur oder gemischt. Bei »Made auf Veddel« entstehen gemeinsam ständig neue Ideen, die nun endlich im schönen Rahmen täglich zu erwerben sind. Ob Tobergte oder der Trend zum Sozialen: alles made mit Herz.

Adresse Rostocker Straße 1, 20099 Hamburg (St. Georg), Tel. 01577/3613306 | ÖPNV U 1, Haltestelle Lohmühlenstraße, U 2, 4, Haltestelle Hauptbahnhof Nord, Bus 6, Haltestelle Gurlittstraße | **Öffnungszeiten** Mo – Fr 12 – 18 Uhr

75 No. 1 Guitar Center
Wo die Musik spielt

Play fast, die young: »Der alte Laden bei der Fabrik war richtig runtergerockt«, erzählt Johannes Döbertin, »und da war es günstiger, 2011 ein Stück weiterzuziehen.« In den neuen Räumen findet man ein beeindruckendes Sortiment an Akustikgitarren, E-Gitarren und Bässen vom Einsteiger- bis zum Profiinstrument. Die ausgestellten Instrumente und Verstärker können bei No. 1 in zwei Testkabinen angespielt werden. »Die Bedürfnisse, Sorgen und Probleme von Kindern, Ein- oder Wiedereinsteigern sind uns wichtig und werden von uns ernst genommen«, betont Johannes.

»Neben ausgewählten, getesteten und geprüften Instrumenten gehören Besaitungs- und Einstellservice, Reparaturen und Customizing von Instrumenten zu unseren Spezialitäten.« Endlich gibt es auch genug Platz für Workshops und Masterclasses mit internationalen Künstlern. Joe Satriani, Steve Lukather, Joe Bonamassa, Bernie Marsden waren – neben anderen – schon da.

Sein Partner, Thomas Weilbier, ist seit 1977 im Musikgeschäft im Oldie- und Vintage-Bereich mit legendären Instrumenten aus den 1940er, 1950er und 1960er Jahren weltweit bekannt, aktiv zunächst in einem Laden im Musikkneipenviertel St. Pauli und seit 1984 im Laden neben der »Fabrik« in Ottensen.

»Wir waren immer, wo die Musik spielte.« Davon zeugen Erinnerungsstücke, Bilder und alte Instrumente von Künstlern, die zum Kunden- und Freundeskreis gehören. Auf einem Bühnenbrett in der Preziosenkammer sollen die Beatles im »Star-Club« gestanden haben; Bruchstücke der Star-Club-Bühne sind in Gitarrendecken eingearbeitet und stehen als Sonderanfertigungen zum Verkauf. Fotos erinnern an andere Stars wie Peter Maffay oder Udo Lindenberg, die selbst gern gesehene Gäste und Kunden wurden – wie viele bekannte und unbekannte Musiker in Hamburg und Umland. »Alle kommen gern«, grinst Johannes, »unsere Devise lautet: Rock'n'Roll forever.«

Adresse Stahltwiete 16 (Phoenixhof Altona), 22761 Hamburg (Bahrenfeld), Tel. 040/3910670, www.no1-guitars.de, E-Mail: info@no1-guitars.de | **ÖPNV** S 1, 2, 3, 11, 31, Haltestelle Altona, S 1, 11, Haltestelle Bahrenfeld, Bus 3, Haltestelle Schützenstraße (Mitte), Bus 2, 288, Haltestelle Schützenstraße (Süd) | **Öffnungszeiten** Mo – Fr 10 – 19 Uhr, Sa 10 – 16 Uhr

76 Djavad Nobari

Leben im Paradies

Orient triff Okzident: »Mein Vater«, erzählt der 1953 in Persien geborene Orientteppich-Händler Mohammad Reza Nobari, »pflegte über Hamburg zu sagen: Alle reden vom Paradies, wir leben im Paradies!« Vater Djavad Nobari gründete den Teppichhandel vor mehr als 70 Jahren, zunächst baute er seine Handelstätigkeiten im Basar von Teheran aus, über internationale Handelsbeziehungen dann auch in die Hansestadt im Norden Europas, wohin er 1968 auswanderte. Der 14-Jährige ist nach Hamburg gekommen, weil der Vater ihm die bestmögliche Ausbildung ermöglichen wollte, und so fühlt er sich verpflichtet, diesen Handel weiterzuführen, wie ihn auch sein Sohn weiterführen wird.

»Es wird behauptet, Hamburg sei das Tor zur Welt, somit ist die Speicherstadt die Pforte des Orients.« Nirgends werden so viele handgeknüpfte Teppiche umgeschlagen wie hier. Wunderschöne Kunstwerke präsentieren sich in stimmungsvollen alten Backsteingebäuden. Am Brook lagert der Import und Export Teppichhandel Nobari allein über 5.000 Teppiche aller Größen auf zwei, zusammen 1.100 Quadratmeter großen Etagen oder Böden – wie man die Lagerflächen hier nennt –, und keiner gleicht dem anderen.

Auf dem unteren, 750 Quadratmeter großen Boden sind in gepflegtem, hellem Licht und nur dezent dekoriert stapelweise Teppiche der Provenienzen Bidjar, Isfahan und Nain ausgebreitet, darunter eine erstaunliche Vielfalt sorgfältig ausgesuchter persischer Übermaßteppiche in der Größe von 17 bis 84 Quadratmeter mit ornamentalen und floralen Motiven und wertvolle antike Raritäten. Der Zustand der 60 bis 110 Jahre alten Unikate bezeugt die hervorragende Qualität der Wolle und die Kunstfertigkeit ihrer Knüpfer.

Ausgedrückt mit den Worten des Firmengründers: »Die Liebe des Menschen zu den Schönheiten der Natur und der Kunst findet im Gewebe eines schönen Teppichs eine ihrer reinsten Ausdrucksformen.« Nobari – der Basar der Himmlischkeiten.

Adresse Brook 7, 20457 Hamburg (Speicherstadt), Tel. 040/3749000, www.djavad-nobari.de, E-Mail: info@djavad-nobari.de | **ÖPNV** U 3, Haltestelle Baumwall, U 1, Haltestelle Meß-berg, Bus 6, Haltestelle Auf dem Sande | **Öffnungszeiten** Mo–Fr 9–17 Uhr

77 Nuena Perlen & Schmuck

Das Glasperlenspiel am Opernboulevard

Schmuck nur kaufen? Nein. Selber machen, lautet die verlockende Devise: »Statt nach Anleitung zu fertigen, machen wir es den Kunden spielend leicht, ihren Schmuck selbst zu machen. Dazu bieten wir alles umfassend an«, erklärt Inhaber Hakan Demirdögen lächelnd. In einem der neuen Gebäude auf dem inoffiziellen »Opernboulevard« hat sich Nuena Perlen & Schmuck niedergelassen. Hakan Demirdögen ist in Hamburg aufgewachsen. Sein Großvater verstand sich noch als Gastarbeiter; die Familie ist geblieben. Aus Polen hingegen stammt Frau Yvonne. Die Stadtgesellschaft wird international. Beide haben ein Studium abgebrochen, um Schmuck nach Wünschen der Kunden zu verkaufen. Dann kam die Idee.

Der erste Blick fällt auf die großen Tischflächen, auf denen sich eine Unzahl von Kästchen an Kästchen reiht. Es öffnet sich der Blick auf eine bunte Pracht: insgesamt mehr als 12.000 bunter schillernder Perlen, zu 90 Prozent aus Glas, aber auch aus Edelsteinen wie Amethyst, Tigerauge, Rosenquarz, Turmalin, Jade, Achat, diversen Swarovski Crystals. Darüber hinaus gibt es jede Menge Zubehör, Leder- und Gewebebänder, Ösen, Artikel aus 925er Sterling Silber. Die Ausstellungsstücke sind liebevoll auf Ständern, Kunstköpfen oder auch Vogelkäfigen dekoriert und lassen die Designwünsche der Kunden in eine magische Glitzerwelt entschweben. Wer mehr als eine Anleitung für die fingerfertige Kunst wünscht, kann sich auch zu »Bastelkursen« anmelden.

Im Hintergrund des Verkaufsraums befindet sich eine Empore mit bonschenpinker Wand, neben rot-weißer Streifentapete im Retro-Look. So viel Kitsch muss sein. Hier in der »Perlenlounge« kann der Schmuck sofort selbst vor Ort gefertigt werden. Dazu gibt es köstlichen Kaffee oder leckeren Cappuccino. Aus den zahlreichen Einzelteilen werden dann im Handumdrehen einzigartige Schmuckstücke: Halsketten, Ohrringe, Schlüsselanhänger. Und jeder wird zum wahren Meister des Spiels.

Adresse Stephansplatz 6, 20354 Hamburg (Neustadt), Tel. 040/35017150, www.nuena.de,
E-Mail: info@nuena.de | **ÖPNV** S 11, 21, 31, Haltestelle Dammtor, U 1, Bus 109, Halte-
stelle Stephansplatz | **Öffnungszeiten** Mo – Sa 10 – 20 Uhr

78 Antiquariat Reinhold Pabel

Der Olymp

Statt Abriss antiquarisch: In der historischen Hofanlage Krayen-kamp 10 unterhalb der Michaeliskirche mit ihren hübschen kleinen Fachwerkhäusern verbirgt sich ein Juwel. Als der Antiquar Rein-hold Pabel 1974 von der Restaurierung der historischen Kramer-amtswohnungen am Fuße des Michel erfuhr, denen fünf Jahre zuvor noch der Abriss gedroht hatte, war ihm klar: Für ein Antiquariat mit dem Schwerpunkt Hamburg gibt es keinen authentischeren Ort. Er bezog das Haus b im Hof und füllte die kleine Kaufmannswitwen-wohnung aus dem 17. Jahrhundert vom Keller bis zum Boden – im Hausjargon »Olymp« genannt – mit Büchern zu allen Aspekten der Hamburger Lokal-, Sozial- und Personalgeschichte.

Daneben glänzte Altes und Bibliophiles, Wissenschaftliches, Literarisches, Illustriertes und Signiertes in den Vitrinen auf engstem Raum. Seit der Gründung 1948 in Chicago sind die Beschaffung und der weltweite Versand von antiquarisch gesuchter Literatur eines der Standbeine des Familienbetriebs. Von der Kundenkartei im Keller bis zur Packstation war – nach Auslieferung der Kataloge – jeder Zen-timeter für die Bestellabwicklung gefragt, selbst die steilen, schmalen Treppen hatten den postfertigen Sendungen als Wartestation zu dienen. Der Ladenverkauf als die zweite Säule dient dem Gespräch, der Bera-tung, der persönlichen Kundenpflege und der beiderseitigen Inspira-tion – wie zu den »guten alten Zeiten« des ehrwürdigen Krameramts.

Heute findet der Gast der Witwengasse neben Quellen zur Topografie und Geschichte der Hansestadt, darunter auch man-che aus der Feder des Firmengründers, zahlreiche neue, sorgfältig gefertigte Bücher und Objekte, die an die liebenswürdige Ästhetik und Formensprache unserer Vergangenheit anknüpfen – ein per-sönliches Geschenk, ein besonderes Souvenir, eine nicht alltägliche Kostbarkeit, eben ein Kind des »Olymp«.

Adresse Krayenkamp 10 & Englische Planke 6, 20459 Hamburg (Neustadt),
Tel. 040/364889, www.antiquariat-pabel.de, E-Mail: post@antiquariat-pabel.de | ÖPNV
S 1, 2, 3, Haltestelle Stadthausbrücke & Landungsbrücken, U 3, Haltestelle Baumwall,
Rödingsmarkt & St. Pauli, Bus 37, Haltestelle Michaeliskirche | **Öffnungszeiten** Krayen-
kamp 10: Mo–Sa 10–18 Uhr, Englische Planke 6: Mo–Fr 10–18 Uhr, Sa 10–13 Uhr

79 Papermoles Portfolio Manufaktur Hamburg

Liebhaber der Ledermappen

Das Haus der drei Generationen: Wer das Jugendstilgebäude im Hamburger Stadtteil Nienstedten betritt, gelangt in einen hohen lichtdurchfluteten Raum mit einer gusseisernen Säule, einem alten Terrazzoboden und Stuckelementen. Der Geruch von natürlichem Leder, Leim und edlem Papier erfüllt den Raum. Auf einem langen Holztresen werden wertvolle Leder und Stoffe ausgebreitet und sorgfältig ausgewählt; die Zuschnitte der Materialien und weitere Fertigungsschritte werden am großen zentralen Manufakturtisch vorgenommen. »Hier taucht man ein in eine andere Welt, eine andere Zeit und ist dennoch überrascht von der Fülle an frischen Elementen«, sagt Thomas Erdmann. Schließlich hat das Familienunternehmen Papermoles seine Wurzeln in der Buchbindekunst, die auf eine jahrhundertealte Tradition blickt. Erdmann ist einer der letzten handwerklichen Buchbindemeister Hamburgs. Er fertigt Meisterwerke für Künstler, internationale Luxusmarken und hochgestellte Persönlichkeiten.

Doch ist er nur einer von mehreren. Seine finnische Schwiegertochter Mari Kutila erzählt: »Bei einem Familienfest im Hamburger Westen saßen ein Buchbinder, eine Architektin und Designerin, eine Betriebswirtin, ein Ingenieur, ein Rechtsanwalt und eine Managerin zusammen, allesamt Familienmitglieder. Wir waren beseelt von dem Gedanken, die gute alte Ledermappe – seit jeher stilvoller Begleiter im Berufs- und Privatleben – neu zu beleben. Und gründeten die Papermoles Portfolio Manufaktur Hamburg.«

Die Materialien werden bei namhaften europäischen Unternehmen aus Skandinavien, Italien und Deutschland eingekauft und in bewährter, ehrlicher Handarbeit von Erdmanns und ihren Mitarbeitern persönlich in Hamburg hergestellt. Die Papermoles Manufaktur ist damit ein Familienunternehmen ganz eigener Art, das drei Generationen zusammenführt.

Adresse Kanzleistraße 2, 22609 Hamburg (Nienstedten), Tel. 040/38662155, www.papermoles.de, E-Mail: mail@papermoles.de | ÖPNV S 1, 11, Haltestelle Klein Flottweg, Bus 36, 286, Haltestelle Elbschlossstraße | Öffnungszeiten Mo – Fr 10 – 12 & 15 – 18 Uhr, Sa 10 – 14 Uhr

80__Pet Shop Boyz
Für den Hund und für die Katz

Tierisch gut: Dieser Laden macht jeden Hausgenossen glücklich, der vier Beine und viele Haare hat. In Hamburg sind die Pet Shop Boyz der wohl charmanteste Anlaufpunkt für Tierfreunde und Hundehalter. Ein kleiner feiner Eckladen mit lustigen Punkten, die längst zur Marke geworden sind. Wer mit der gelb getupften Papiertüte nach Hause kommt, erntet in jedem Fall ein Schwanzwedeln oder ein verzücktes Schnurren.

Seit zweieinhalb Jahren gibt es hier zwischen Alster und der Langen Reihe vom täglichen Bedarf über Leinen, Halsbänder, Betten bis hin zu Spielzeug eigentlich alles, was Vierbeiner erfreut. Und das spricht sich herum – manchmal sind die Pet Shop Boyz selber fast sprachlos. »Da stand plötzlich der thailändische Kronprinz im Laden«, erzählt Mathias und lächelt. Der Tipp war wohl auch dem Prinzenpaar geflüstert worden, das in Begleitung von rund 30 Bodyguards kurzzeitig den Verkehr lahmlegte und begeistert den halben Laden leer kaufte.

»Es gab hier bislang nur diese unpersönlichen Futtergroßmärkte oder teure Bling-Bling-Edelboutiquen«, hat Geschäftsführer Mathias – selbst Hundebesitzer – immer wieder genervt festgestellt. Das wollte er ändern. Ursprünglich als zweites Standbein gedacht, mauserte sich der Laden schnell zum Fulltime-Job und Anlaufpunkt für Tierfreunde im Viertel. Und während man so klönt, schnüffelt der Vierbeiner fröhlich durch den liebevoll gestalteten Laden: ein riesiger Baum in der Mitte des Raumes, ein Wolkenhimmel und überall Weidenkörbe, prall gefüllt mit Leckereien.

Auch probieren ist erlaubt. Schweineohren, Rindernasen, Lammfüße – für die haarigen Freunde ein »Wunderland«, wie ein Begeisterter im Bewertungsportal Qype schreibt und die volle Punktzahl vergibt. So ist wohl kaum verwunderlich, dass bei den Pet Shop Boyz bislang noch jeder vierbeinige Kunde mit hochbeglückt geschwenktem Schweif nach Hause getrottet ist.

Adresse : Schmilinskystraße 15, 20099 Hamburg (St. Georg), Tel. 040/28803610, www.petshopboyz.de, E-Mail: shop@pet-shop-boyz.de | **ÖPNV** S 1, 2, 3, 11, 21, 31, U 1, 2, 3, 4, Haltestelle Hauptbahnhof, U 1, Haltestelle Lohmühlenstraße, Bus 6, Haltestelle Gurlittstraße | **Öffnungszeiten** Mo–Fr 10–20 Uhr, Sa 10–18 Uhr

81 Pfeifen Tesch

Gutes Holz und feines Kraut

Sie stehen da wie bei der Eröffnung anno dazumal: der alte Tresen und die Regale neben der ebenso alten, ins obere Geschoss führenden Wendeltreppe im charmant winzigen Fachgeschäft unter den Arkaden der Colonnaden, vollgestopft mit Pfeifen, Tabak und Zigarren, die Pfeifen Tesch von John Aylesbury Depots bezieht.

Im Angebot sind Marken wie Habanos Specialist, Davidoff Depot, Dupont, Dunhill und Humidore Elie Bleu, aber auch edler Rum, Whisky, Cognac und Portwein. Vor allem eines jedoch zeichnet das Geschäft aus: die besondere Auswahl an Pfeifen. 1912 importierte Tesch als Erster Pfeifen aus dem Hause Kapp & Peterson, die es hier heute noch immer gibt. In den Schubladen verbergen sich mehr edle Pfeifen, als sie heute bei Dunhill in London geführt werden, heißt es.

Andreas Cub führt, unterstützt von Carsten Matthies und zwei weiteren Angestellten, den Laden mit dem von vielen Stammkunden geschätzten großen Sortiment an Pfeifen, Tabaken, Zigarren, Raucherbedarfsartikeln und Spirituosen in vierter Generation. Die Kenner sind dabei genauso vom Service wie von der persönlichen Beratung angetan. »Sie waren alle schon da«, erzählt Carsten Matthies, die Reichen, mehr oder weniger Schönen und Wichtigen: »Karl Lieffen, Uri Geller, Helmut Schmidt, Manfred Krug, Peter Maffay, Udo Lindenberg und viele andere, um spezielle Tabakdüfte zu erschnuppern.« Stolz weist er auf Autogramme und Widmungen.

»Im alltäglichen Geschäft aber ist die Laufkundschaft wichtiger, manch unerfahrenem Kunden wird der gekonnte Umgang mit dem feinen Kraut erst gezeigt, sei es gerollt oder gestopft.« Auch Gäste und Angestellte des nahen Fünf-Sterne-Hotels kommen vorbei und kaufen die eigene Jubiläums-Tabakmischung oder dominikanische Zigarren als Eigenmarke, die es ebenfalls seit dem 125-jährigen Firmenjubiläum gibt. Nicht aus jedem Holz kann man Pfeifen schneiden. Aus diesem schon.

Adresse Colonnaden 10, 20354 Hamburg (Neustadt), Tel. 040/342584, www.colonnaden-hh.de/unternehmen/pfeifen-tesch.html, E-Mail: pfeifen-tesch@t-online.de | **ÖPNV** S 1, 2, 3, U 1, 2, 3, 4, Haltestelle Jungfernstieg | **Öffnungszeiten** Mo–Mi & Fr 9–18.30 Uhr, Do 9–20 Uhr, Sa 9–17 Uhr

82 __ PLY & plyground

Architektur, die von innen kommt

Was für eine Spielwiese! Allerdings muss die Augen offenhalten, wer als Unkundiger nicht daran vorbeilaufen will, liegen die beiden Ausstellungshallen doch eher versteckt in Gewerbehöfen des Stadtteils Ottensen in einer ehemaligen Werkhalle und seit 2012 auch in einer alten Fischräucherei.

Wer als Kunde hierherkommt, hat sich gewiss nicht verlaufen, sondern sucht das Edle gezielt. In seinen Räumen verkauft David Einsiedler seit Jahren wertige Vintage-Industriemöbel: Arbeits- und Rolltische, Regale, Stühle und ähnliche schöne Dinge aus der Welt des puristischen Wohnens, die in der eigenen Werkstatt gebrauchsfertig aufgearbeitet werden. In der ehemaligen Räucherei konzentriert sich das Angebot auf neu gefertigte Möbel aus den Entwurfsjahren 1930 bis 1960.

Plyground zeigt moderne Klassiker von Atelier Alinea, Vitra, Verzelloni, Wilde & Spieth, Ahrend und Artek sowie weiteren Herstellern, die sich ausgezeichnet mit den Objekten in authentischer Industrie-Ästhetik kombinieren lassen. Manche der gezeigten Objekte, etwa von Egon Eiermann, Friso Kramer oder Alvar Aalto, sind seit vielen Jahrzehnten gefragt, unabhängig von flüchtigen Moden. »Das Besondere der Produktionslinien besteht darin, dass sie in einer Zeit entworfen worden sind, in der es noch keine Möbeldesigner gab. Sie stammen von bekannten Architekten: Die gestalterische Form folgt der Funktion«, erklärt der Inhaber.

Diese aktuellen Produktionen werden seit Jahrzehnten in ihren europäischen Heimatländern hergestellt, Artek fertigt beispielsweise in Finnland, Wilde & Spieth in Esslingen, Verzelloni in Parma. David Einsiedler versteht den neuen Showroom Plyground als einen Ort für kreatives Arbeiten rund um das Thema Einrichtung. »He knows how to PLY his art« hieße das dort, woher der Firmenname kommt: Er versteht sich auf seine Kunst. Mitspielen erwünscht.

Adresse Kleine Rainstraße 44a & Hohenesch 68, 22765 Hamburg (Ottensen), Tel. 040/38661020, 040/39908315 & 0175/2011004, www.ply.de, E-Mail: hi@ply.de | **ÖPNV** S 1, 2, 3, 11, 31, Haltestelle Altona | **Öffnungszeiten** Mi–Sa 12–18 Uhr, Do 12–20 Uhr & Mo–Sa 12–18 Uhr, Do 12–20 Uhr

83 — Die Porzellan Werkstatt

Wo Scherben wirklich Glück bringen

Hier wird wieder zusammengefügt, was zusammengehört. An die Porzellan Werkstatt in der Altstätter Straße wendet sich, wer sein Lieblingsstück – sei es aus Porzellan, Glas, Keramik oder verwandten Materialien – fachmännisch reparieren, restaurieren, schleifen, vergolden oder versilbern lassen möchte.

Großmamas Sammeltasse ist hier ebenso gut aufgehoben wie die Meißener Terrine aus dem 19. Jahrhundert oder die Salatschüssel aus dem letzten Spanien-Urlaub. Fehlende Teile an Figuren, Henkel an Tassen oder Terrinen oder Knöpfe an Deckeln werden restaurierend ergänzt. Auf dem ladeneigenen Schnäppchenmarkt oder in der Porzellanbörse werden weitere Liebhaber fündig.

Ihre neuen Ladenräume hat die Werkstatt 2011 bezogen, seit nach 46 Jahren die gemeinsame Adresse mit dem Ohnsorg Theater in den Große Bleichen aufgegeben werden musste. Nun blickt Inhaber Harald Schmalhaus durch das Schaufenster auf die beeindruckende Klinkerfassade des Sprinkenhofs, eines der Kontorhäuser aus der Zeit der Weimarer Republik, für die Hamburg die Anerkennung als Weltkulturerbe der UNESCO beantragt hat.

Neben der Tür hängt ein altes Schwarz-Weiß-Foto des Ladenlokals, damals im noch dänischen Altona gelegen, wo vor über 100 Jahren die Firmengeschichte der heute wohl ältesten und renommiertesten Adresse für Porzellanrestaurierungen in Deutschland begann. Damals wurde noch in einem kohlebeheizten Muffelofen gebrannt.

Herzstück des heutigen Werkstattladens ist der moderne Brennofen, in dem Porzellanscherben dank einer speziellen Technik so zusammengebrannt werden, dass sie so bruchsicher sind wie zuvor. Was immer an lieb gewonnenen Stücken zu Bruch gehen mag: Hier bringen Scherben neues Glück.

Adresse Altstädter Straße 11, 20095 Hamburg (Altstadt), Tel. 040/342442, www.dieporzellanwerkstatt.de, E-Mail: info@dieporzellanwerkstatt.de | ÖPNV S 1, 2, 3, 11, 21, 31, U 1, 2, 3, 4, Haltestelle Hauptbahnhof, U 1, Haltestelle Meßberg & Steinstraße, U 3, Haltestelle Mönckebergstraße | Öffnungszeiten Mo–Do 10–18 Uhr

84 Radsport von Hacht

Das Glück sitzt auf den Satteln der Räder

Eine bahnbrechende Tat: Ende der 1970er Jahre eröffneten Wolfgang und Werner von Hacht, die sportlich wie beruflich zu den Radsport-Pionieren an der Elbe gehören, in den Gebäuden eines 1885 gebauten Pferdebahndepots ein Radsport-Geschäft. Der spätindustrielle Charakter und die Backstein-Architektur der ältesten erhaltenen Hamburger Straßenbahnanlage geben den Rahmen für das Konzept, in Hamburg hergestellte Räder zu verkaufen, die seit 1991 von der eigenen Firma »Stevens« produziert werden.

»Als Amateursportler wollten wir unser Hobby zum Beruf machen«, sagt Wolfgang von Hacht, »und wussten, was die Fahrer wollen.« Unzählige Modelle der Marke »Stevens« werden von 500 weiteren Händlern in Deutschland vertrieben. Die hochwertigsten Rennräder, bei denen jedes Teil wie Rahmen, Lenker, Antrieb und Laufräder speziell nach den Wünschen der Kunden zusammengebaut wird, fertigen vier Monteure weiterhin in Hamburg und bauen so pro Jahr etwa 2.500 Custombikes zusammen.

Was zu Gründungszeiten für die beiden Brüder galt, gilt heute noch immer: »In Sachen Qualität und Zuverlässigkeit gehen wir nach wie vor keine Kompromisse ein. Die Räder und Komponenten aus unserem Hause stehen für eine lange Lebensdauer und hohe Funktionalität.« Das fachliche Know-how der gesamten Crew im Laden, in den Werkstätten, im Bekleidungs-Shop und im Büro ermöglicht den Erfolg eines der größten Fahrrad-Sportgeschäfte Norddeutschlands.

Die Stärke des 30-köpfigen Von-Hacht-Teams liegt in der gemeinsamen Vorliebe für den aktiven Radsport. Ob Straßenrennsport, Mountainbike, Triathlon, Trekking, Radreisen oder sportgerechte Bekleidung – aus allen Bereichen finden Sie Spezialisten im Team. »Vorbeischauen lohnt sich immer, zumal wir davon überzeugt sind, den besten Espresso aller Hamburger Fahrradhändler an unsere Kundschaft auszuschenken, natürlich kostenfrei.« Freie Fahrt also ins Glück!

Adresse Breitenfelder Straße 9, 20251 Hamburg (Eppendorf), Tel. 040/4806040, www.radsportvonhacht.de, E-Mail: radsportvonhacht@t-online.de | **ÖPNV** U3, Haltestelle Hoheluftbrücke, Bus 5, 20, 25, Haltestelle Gärtnerstraße | **Öffnungszeiten** Mo–Fr 10–19 Uhr, Sa 10–15 Uhr

85 ___ Red Gallery
Heilige Steine

Hier wird sie eindrucksvoll ausgestellt: die Natur als Künstlerin. Andreas Guhr ist Experte für Mineralien und Fossilien und betreibt eine spezialisierte Galerie. Zurzeit geben die großen Schaufenster den Blick auf drei quadratmetergroße Schieferplatten mit Fossilien aus der Schwäbischen Alb frei: Der grafisch feinen Versteinerung einer floral wirkenden Seelilienkolonie, wohnlich hinter einer Couch präsentiert, folgt ein auf grauem Grund in Goldtönen schimmerndes Seereptil. Vor einem versteinerten Urkrokodil stehen zwei polierte »Heilige Steine«, deren mineralische Struktur durch Meteoriteneinschlag entstand.

Auf gut 600 Quadratmetern Ausstellungsfläche laden mehr als mannshohe lila Amethystdrusen, edler Schmuck, seltene Mineralien sowie hochwertige Fossilien aus eigenem Präparationslabor zu einem besonderen Kauferlebnis ein. »Die außergewöhnlichen Objekte, die unsere Besucher zum Teil eher im musealen Kontext erwarten, lassen sich gleichermaßen in klassische und moderne Wohn- und Arbeitsbereiche integrieren«, betont Andreas Guhr.

Besonders achatisiertes Holz mit seinen malerischen Farbspielen begeistert auch aufgrund seiner hohen Nutzbarkeit. Denn sogar sitzen kann man an und auf diesen Schätzen: Eigene Fundstellen in Nordamerika sorgen für sorgfältig ausgewähltes Rohmaterial, das eigene Manufakturen in Europa zu einzigartigen Möbeln verarbeiten. Jedes Stück – ob Tisch, angeschliffener Block oder dekorative Längs- und Querschnitte – ist in vielfarbiger Struktur und naturbelassener Form ein Unikat.

Einige Ausstellungsstücke wurden von Daniel Richter, dessen Maleratelier früher in den hinteren Lagerräumen lag, handsigniert. Der inspirierende Dialog über Bildende Kunst und Kunst der Natur wurde durch mehrere Ausstellungen mit ihm und anderen zeitgenössischen Künstlern in führenden europäischen Kunsthäusern angestoßen. Hier leben die Äonen. Natur kann Kunst für die Ewigkeit.

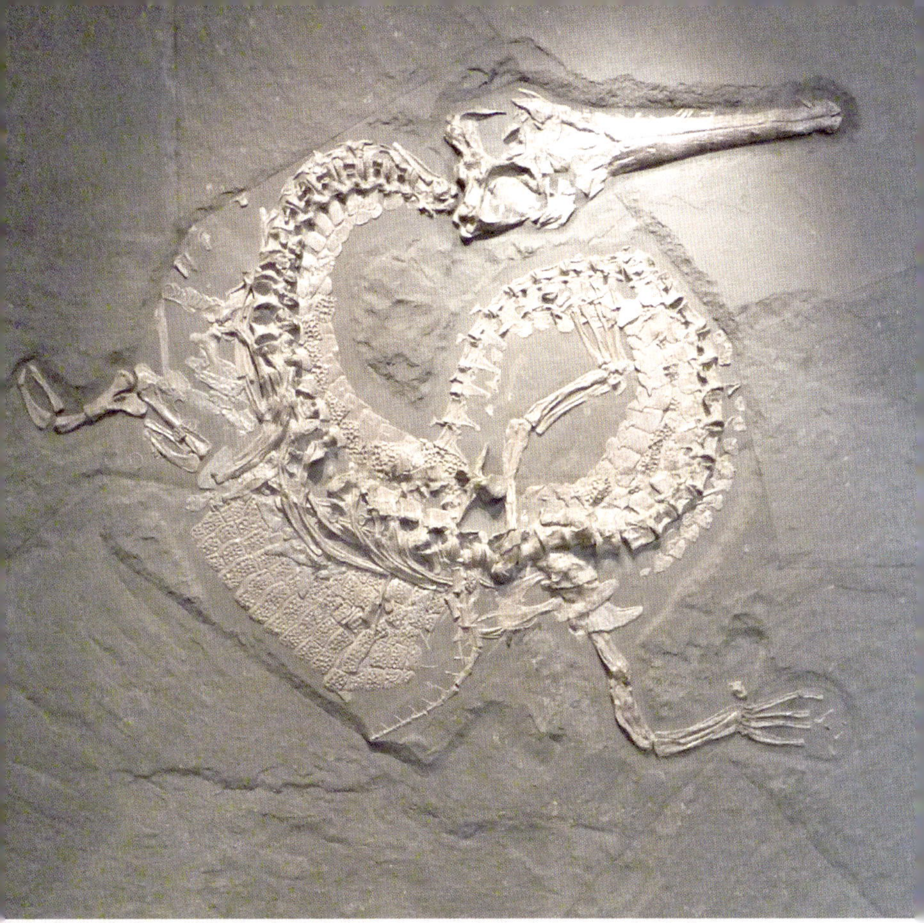

Adresse Rödingsmarkt 19, 20459 Hamburg (Altstadt), Tel. 040/36900319, www.redgallery.de, E-Mail: info@redgallery.com | **ÖPNV** S 1, 2, 3, Haltestelle Stadthausbrücke, U 3, Haltestelle Rödingsmarkt | **Öffnungszeiten** Di – Sa 11–18 Uhr

86 Retube

Steht auf Schlauch

Gib Gummi – und mach was draus! Es riecht, als sei man in einem Reifenlager gelandet. Schließlich dreht sich in dem kleinen Laden des 38-jährigen Hamburgers alles um das Thema Schlauch. Aus alten Reifenschläuchen von Rädern, Motorrädern oder Traktoren fertigt Björn Claßen unter dem Markennamen »Retube« Taschen und andere Accessoires.

Er hat den Dreh raus, wie aus dem so sperrigen und doch sinnlichen Material trendige Produkte werden, denn er kommt aus der Textilbranche. Bald jedoch reifte der Entschluss, »etwas Eigenes zu machen«, sagt Claßen. »Vor etwa zehn Jahren habe ich mir dann ein Moped auf drei Rädern gekauft. Und irgendwann lagen unzählige Schläuche in meiner Garage rum.« So entstand die Idee, aus alten Schläuchen neuartige Taschen zu fertigen.

Die erste Tasche wurde für den Eigengebrauch genäht, um zu testen, wie seine etwas andere Recycling-Idee ankam. »Auf den Prototyp wurde ich ständig angesprochen. Die Menschen fanden das Ding einfach klasse.« Auch der Firmenname fand sich schnell: »Ich habe einfach das Wort recycling und ›tube‹ für Schlauch zusammengesetzt.« Fertig war die Geschäftsidee, die er seit April 2009 im eigenen kleinen Ladenlokal in Ottensen verwirklicht. Hier zeigt sich, dass Retube längst mehr zu bieten hat als Taschen.

Im Schaufenster und auf den Regalen ist eine mittlerweile ansehnliche Produktpalette ausgebreitet: Da liegen Portemonnaies, Gürtel, Armbänder, Schlüsselanhänger, Tabakbeutel oder sogar Lampen sowie Laptop- und iPad-Hüllen, daneben natürlich Taschen in allen Formen, Größen und Farben. Oder maritime Souvenirs wie Segelboote aus Traktorschlauch und Segel, Schlüsselanhänger, wie das Schlauchboot, und Aale aus Fahrradschlauch. Die Schläuche für seine Produkte bekommt Claßen von Fahrradhändlern, Motorradläden und Traktorwerkstätten aus dem Umland. Hier gibt es regionales Gummi vom Feinsten – und das, was ein Könner daraus macht.

Adresse Hohenesch 54, 22765 Hamburg (Ottensen), Tel. 040/64858730, www.retube-taschen.de, E-Mail: info@retube.eu | **ÖPNV** S 1, 2, 3, 11, 31, Haltestelle Altona | **Öffnungszeiten** Mo–Di nach Vereinbarung, Mi–Fr 14–19 Uhr, Sa 11–16 Uhr

87 — Richard

Macht des Schicksals

Eine Fahrradtour durch die Stadt war schuld. »Das Geschäft besteht seit November 2009 und ist ein bisschen Fügung des Schicksals«, sagt Inhaber Richard Lotzmann. Neben seiner Tätigkeit als Produzent und Stylist für diverse Wohnzeitschriften suchte er nach einem neuen Projekt. Bis er an diesem leer stehenden Ladengeschäft vorbeiradelte. Im Kontrast zur nahe gelegenen Innenstadt versprühte das Eckhaus den Charme einer vergangenen Zeit und weckte sein Interesse sofort.

Mit seiner hohen Stuckdecke hätte das Einrichtungsgeschäft Richard keinen schöneren Ort finden können, um zu zeigen, wie es sich geschmackvoll wohnen lässt. An der langen Raumseite stehen Hocker, Tische und Polstermöbel in kleinen Bereichen, die zusammen mit ausgewählten Leuchten und Dekorationen in Szene gesetzt sind. Im Schaufenster präsentieren sich oftmals saisonale Dekorationen und Kleinmöbel.

Überall flackern Windlichter und Duftkerzen aus organischen Wachsen und sorgen für eine gemütliche Wohlfühlstimmung. Richard Lotzmann bietet viel Ungewöhnliches für eher unkonventionelles sowie »eklektisches« Wohnen an. »Meinen Stil«, sagt Richard Lotzmann, »würde ich als holländisch-belgisch, einen Mix aus neuen, antiken sowie internationalen Flohmärkten bezeichnen. Er passt zum urbanen sowie modern-ländlichen Lebens- und Einrichtungsstil.«

Seine ganz eigene Ästhetik bietet er in Einrichtungsberatungen sowie kompletten Wohnkonzepten an. Mittlerweile lässt Richard Lotzmann auch nach eigenen Entwürfen unter dem Label »Richard« in kleinen Hamburger Handwerksbetrieben fertigen. Die ersten beiden Kollektionen beinhalten Sitzpoufs, Kissen, Jeansteppiche und dergleichen. Über seinen ungewöhnlichen Einrichtungsstil haben sogar internationale Einrichtungsmagazine wie »ELLE Decoration, UK« sowie »Vogue Living, Australia« geschrieben. Ob fern oder nah: Es muss kein Zufall sein, wie man wohnt.

E6

Adresse Wexstraße 32a, 20355 Hamburg (Neustadt), Tel. 040/38647502, www.richardhamburg.com, E-Mail: info@richardhamburg.com | **ÖPNV** S 1, 2, 3, Haltestelle Stadthausbrücke, U 3, Haltestelle Rödingsmarkt | **Öffnungszeiten** Di – Fr 11–19 Uhr, Sa 11–16 Uhr

88 Riders Room
Leder für Pferdestärken

Riders on the Storm: So interessant St. Pauli als Stadtteil ist, mit einem großen Angebot an Spaß aller Art, und so sehr viele seiner kleinen Betriebe auf das Amüsement der Herren abzielen, so wenig interessieren diese sich ausschließlich für Frauen, Bier oder Musik. Manches Männerherz schlägt noch für richtige Motorräder, und für sie gibt es seit 1995 den Riders Room.

Inhaber Sven Eden hatte mit dem Erwerb seines ersten Motorrades festgestellt, dass es »keine echte Bekleidung für Motorradfahrer« gab: »Lederjacken und Zubehör kamen aus Ländern, in die man besser nicht fährt und deren Stil nicht überzeugt. Ein amerikanisches Bike und dann 'ne Jacke made in China? Bitte nicht.«

Hier hingegen kann seit Jahren der stilbewusste Fahrer schwere Lederjacken erstehen, die diesen Namen auch verdienen: Aeroleather aus Schottland, gefertigt aus Pferdeleder, klassisch und so schön, dass sie auch ohne Motorrad zu tragen sind; Vanson Jacken, »made in USA«, für die Fahrer aller US-Bikes; handgefertigte Davida Jethelme und Halbschalen aus Liverpool. Ein wichtiges Thema sind immer noch Schuhe. »Red Wing Shoes made in Minnesota since 1905« haben wir als erster Dealer in Norddeutschland eingeführt und haben weiterhin das größte Angebot.« Ständig sind 500 bis 600 Paar auf Lager.

Das Sortiment wird gepflegt durch kleine Labels, und auch bei Jeans – natürlich schwer, roh und ungewaschen – führt man nicht nur die etablierten Marken. Ein breites Angebot an Schlägermützen und unglaubliche Lederaccessoires machen den Mann erst ausgehfertig. »Wir machen es uns leicht, wir bieten nur das an, was wir selber tragen und mögen, und ganz wichtig: Wir kennen die Menschen hinter dem Produkt.« Dazu wird der persönliche Kontakt mit den Herstellern auf Reisen in die USA und Europa gepflegt. »Ach ja, und wenn der Laden geschlossen ist, fahren wir Motorrad.« Mit dem Visier im Wind.

Adresse Thadenstraße 4, 22767 Hamburg (St. Pauli), Tel. 040/4308836, www.ridersroom.de, E-Mail: post@ridersroom.de | **ÖPNV** U 3, Haltestelle Feldstraße & St. Pauli, Bus 6, Haltestelle Paulinenstraße | **Öffnungszeiten** Mo–Fr 11–18.30 Uhr, Sa 11–16 Uhr

89 Rob & Stephen's little cake Co.

Sweet dreams are made of this

Zwei Krümelmonster sind sie nicht. Aber »one crumb ahead«, einen Krümmel vorweg, das sind sie schon, und so lautet auch das Motto des Inhaberpaars, des Briten Stephen Dryer und des Schwaben Robert Mense, die seit 1998 süßeste Leckereien und schönste Torten zubereiten: alles hausgemacht und mit den besten Zutaten.

Der neue Name ihres kleinen Konditoreiladens weist auf die Inhaber hin – wie auch das goldgerahmte Porträtgemälde der beiden an der Wand. An den hohen Decken hängen überdimensionale Cupcakes, ein fliegender Konditor und ein Konditorengel nach eigenem Entwurf. Ihre Handschrift zieht sich durch den Laden: Pomp in Pastelltönen. Selbst das Firmenauto vor der Tür sieht aus wie ein Sahnetörtchen.

Der ursprüngliche Ladenname versprach den Kunden »sweet dreams«, die in der offenen Backstube direkt hinter dem Laden wahr werden. Mit drei weiteren Konditoren wird hier feingebacken, was das Zeug hält. Das Sortiment umfasst Pralinen, Schokoladen, Konfitüren, Eiscreme, Gebäck, Torten, Tartes und Cakes sowie alles, was man in einer Patisserie sonst noch machen kann.

»Unsere Spezialitäten sind wohl unser cremiger, leicht nach Zitrone schmeckender Käsekuchen, der Lemon-Meringue-Pie mit der sauren Zitronencreme und der weichen, süßlich-sauer schmeckenden Baisermasse oder der Carrotcake mit dem Ingwer-Muskat-Walnussgeschmack mit einer cremig-frischen Füllung mit Philadelphia und einem Hauch von Kokosnuss, und dazu kommt noch unser typisch amerikanischer Chocolate Fudge Cake mit seiner schokoladig-säuerlichen Note von Joghurt«, schwärmt Robert Mense. Highlights sind Hochzeits- und Geburtstagstorten sowie Geburtstags- und Figurenkekse. Die beiden machen kein Geheimnis aus ihrem Können, selbst im Internet erklärt Robert in kleinen Videobeiträgen, wie zu Hause süße Träume angerührt werden.

Adresse Lehmweg 41, 20251 Hamburg (Eppendorf), Tel. 040/35715117, www.sweet-dreams-confiserie.de, E-Mail: robert@4chocoholics.de | **ÖPNV** U 1, Haltestelle Klosterstern, U 3, Haltestelle Eppendorfer Baum, Bus 114, Haltestelle Eppendorfer Baum und Klosterstern | **Öffnungszeiten** Di – Do 7–14 Uhr, Fr 9–18 Uhr, Sa 9–16 Uhr, So 13–16 Uhr

90 Rosenblatt & Fabeltiere

Schrecklich entzückend

Lust auf die T-Shirts der Kuscheltiere? Oder auf echte Monster? Dann sind Sie hier richtig. »Angefangen hat alles in der Maltherapie in St. Pauli: Sven Rosé malte mit Vorliebe Tiere. Diese fanden alle so toll, dass die Idee entstand, sie für Kinder auf T-Shirts zu drucken. Und so ist ein richtiges Label entstanden, eben Rosenblatt & Fabeltiere«, erzählt Katja Stechemesser, die als Sozialpädagogin im Werkstattladen arbeitet, in dem auch für Kunden sichtbar die Druckmaschine steht. »Es sind immer Svens liebenswerte Tier- und Monstermotive, vom Storch Filibert für die Neugeborenen über den Eisbären Frosti bis zu Monsterpapa Kurt.«

Es sind insgesamt inzwischen über 25, die auf Wunsch und von Hand auf Shirts, Bodys und Mützchen gedruckt werden und liebevoll auf den Regalen und Angebotstischen ausgestellt sind. Zum Quietschen halt. Für die Kleinen sei es wichtig, dass die Textilien aus feinen Stoffen bestünden, hochwertig seien und natürlich fairmade.

Viele selbst genähte Produkte sind aus recycelten Stoffen hergestellt. Auf den Regalen findet man auch schöne bunt bemalte Holzsteckspiele, die der Laden von anderen sozialen Herstellerprojekten bezieht; auch sie sind selbstverständlich schadstofffrei. Außer Kleidung und Spielsachen für Kinder werden Mode und Accessoires für Frauen angeboten, so etwa Schals mit Siebdruckmotiven.

Es sind originelle, manchmal etwas schräge Produkte, die so ungewöhnlich sind wie die Mitarbeiter selbst, denn bei Rosenblatt & Fabeltiere arbeiten Menschen mit psychischen Handicaps, die sich ihren Fähigkeiten entsprechend einbringen. »Wir lieben die Idee, dass man nicht perfekt sein muss, um etwas zu erschaffen, was die Welt ein bisschen schöner, bunter und vielleicht sogar besser macht«, erzählt Katja Stechemesser weiter. »Wer uns persönlich kennenlernen will, findet uns im schönen St. Pauli.« Manchmal ist »sozial« einfach entzückend.

Adresse Clemens-Schultz-Straße 43, 20359 Hamburg (St. Pauli), Tel. 040/28492878, www.rosenblatt-und-fabeltiere.de, E-Mail: laden@rosenblatt-und-fabeltiere.de | ÖPNV U 3, Haltestelle St. Pauli, Bus 6, Haltestelle Paulinenstraße | Öffnungszeiten Mo – Fr 12 – 18 Uhr, Sa 11 – 17 Uhr

91 Sautter + Lackmann

Die Bücherkathedrale

Ein Buch über japanische Kimonos? Über persische Buchmalerei? Kein Problem. Über das Ei als Motiv in der modernen Kunst? Eine Kulturgeschichte der Mausefalle? Auch das gibt es hier. Die Fachbuchhandlung Sautter & Lackmann bietet seit nunmehr über 40 Jahren ein reiches, fortwährend aktualisiertes Sortiment hochwertiger Bücher rund um alle Sparten der Kunst an.

1989 bot sich im Zuge der Revitalisierung der Fleetinsel, einer größtenteils kriegszerstörten Brache mitten in der Stadt zwischen Admiralitätstraße und Herrengrabenfleet, die Gelegenheit, neue, großzügigere Räume zu beziehen. Der Hamburger Architekt Bernhard Winking hat den für Hamburg typischen Kaufmannshof mit straßenseitigem Geschäftshaus und dahinter liegendem ehemaligen Speicher zu einer eindrucksvollen »Bücherkathedrale« umgestaltet.

Seitdem präsentiert sich in wandhohen Regalen eine umfassende Auswahl an Titeln, von Monografien zu einzelnen Künstlern, Architekten und Designern über praktische Handbücher bis zu gut bestückten Abteilungen über afrikanische oder südostasiatische Kunst; von hochwertigen Fotobänden, aktuellsten Design- und Typografie-Titeln bis zu einer großen Auswahl an Fachliteratur zu kunst- und architekturrelevanten Themen reicht das Spektrum.

Dabei findet man Buchausgaben, die woanders längst aus dem Sortiment genommen wurden. Dem Trend des Bestellbuchladens stellt sich das Geschäft kraftvoll entgegen. Florian Sautter, der heute in zweiter Generation an der Seite seines Vaters Hinrich das Familienunternehmen führt, freut sich: »Wir fühlen uns wohl in der Nachbarschaft der Hinterhof-Galerien. Dadurch kommen an Kunst interessierte Leute an unseren Schaufenstern vorbei und stöbern bei uns gleich weiter. Ob Hobbymaler, Forscher oder Kunstliebhaber: Der interessierte Besucher wird von uns kompetent beraten und durch das Sortiment geführt.« Einmal quer durchs Ei des persischen Kimonos.

Adresse Admiralitätstraße 71–72 , 20459 Hamburg (Neustadt), Tel. 040/373196, www.sautter-lackmann.de, E-Mail: info@sautter-lackmann.de | **ÖPNV** S 1, 2, 3, Haltestelle Stadthausbrücke, U 3, Haltestelle Rödingsmarkt | **Öffnungszeiten** Mo – Fr 10 – 19 Uhr, Sa 11 – 18 Uhr

92 Saxifraga Blumen & andere Gewächse

Alles außer steifen Rosen

Saxifraga bricht alles – an floristischen Rekorden: »Unser Geschäft hält Wunder für Sie bereit, die Ihre Seele liebkosen, grünes Grinsen bereiten und Ihr Leben bereichern«, sagt Inhaberin Carola Wineberger. Saxifraga ist eine kleine Oase inmitten des Karolinenviertels. Hier gibt es die phantasievollsten Blumenarrangements der Stadt. Bräute, die auf ungewöhnlichen Blumenschmuck setzen, sind in dem kleinen Laden richtig aufgehoben. Man bekommt hier alles, außer steife Rosen-Arrangements oder Callas in Schleierkraut. Passend zur Farbe des Kleides zaubern die Künstlerinnen bei Saxifraga verwunschene Brautsträuße, Mini-Bouquets für das Revers des Bräutigams und für die Feier individuelle Blumendeko, die aussieht wie frisch von der Wiese gepflückt.

Der Name des Souterrain-Ladens ist fein gewählt. Der Steinbrech, wie die volkssprachliche Bezeichnung lautet, ist vorwiegend in Felsspalten beheimatet. Traute man dem Gewächs die steinbrechende Kraft tatsächlich zu? Carola Wineberger jedenfalls vertraut auf die Wirkkraft ihrer phantasievollen Gestecke. Sie ist eine Kreative unter Kreativen, die im Karolinenviertel vor allem in der Marktstraße oder in der Glashüttenstraße ein Ladengeschäft eröffnet haben. Es ist ein Kommen und Gehen; Läden öffnen und schließen. Nicht zuletzt residiert hier aber auch die Werbefirma »Jung von Matt«.

Carola Wineberger mit der braunen Schürze zu kurzen türkisen Cordhosen und farbig gestreiften groben Wollsocken spricht mit einem wunderbar offenen und lachenden Gesicht. Ihre Internetseite beschwört Sprachbilder, die ihrem Handwerk entsprechen. »In pudrigen Wolken zerzauste Blüten treiben zur Wiese am See …« Die Floristin hat ein feines Auge und denkende Hände. Beherzt reißt sie Äste auseinander und steckt Zweige zusammen. Unter all den Kreativen ist ihr der natürliche Umgang mit Blumen und Gewächsen geblieben. Alles außer künstlich.

Adresse Glashüttenstraße 100, 20357 Hamburg (St. Pauli), Tel. 040/437355, www.saxifraga.cc | **ÖPNV** S 11, 21, 31, Haltestelle Sternschanze, U 2, Haltestelle Messehallen, U 3, Haltestelle Feldstraße | **Öffnungszeiten** Mo−Fr 10−18.30 Uhr, Sa 10−16 Uhr

93 Die Schlumper

Schwer begabt

»Was ohn Vorgedanken, ohn Kunst, unversehens geschiehet, das ist Schlump, der unvermutete Glücksfall.« So steht es in Grimms Wörterbuch. Es war zufällig in der Straße »Beim Schlump«, wo sich 1984 um den Hamburger Maler Rolf Laute künstlerisch »schwer« Begabte mit unterschiedlichen Behinderungen oder psychischen Erkrankungen sammelten. 1998 sind die Schlumper nach St. Pauli in die Alte Rinderschlachthalle gezogen, wo der hohe Raum mit umlaufender Galerie Atelier, Ausstellungsraum, Veranstaltungsort und Café in einem ist. Mittlerweile bietet das Atelier 33 Künstlern einen festen Arbeitsplatz und ermöglicht ihnen dort, mit organisatorischer Hilfe und Assistenz von Mitarbeitern der Alsterarbeit gGmbH, Künstlern, Pädagogen und Praktikanten, eine freie, selbstbestimmte Arbeit zu verrichten, die unterstützt wird vom Verein »Freunde der Schlumper e.V.«.

Was hier täglich geschieht, ist jedoch weit mehr als Beschäftigungstherapie und auch sonst in Deutschland einmalig: Die Schlumper sind seit 1993 Berufskünstler und bekommen für ihre Arbeit ein Gehalt. Finanziert werden die Gehälter und die Materialien aus dem Verkauf der Bilder und aus Spenden an den Verein.

Über die Jahre entstehen künstlerische Werke, deren farbliche und figurative Gestaltung Erstaunliches zeigen und in verschiedenen Ausstellungen privater und öffentlicher Galerien auf Bewunderung stoßen. 2014 wird im nahen Karolinenviertel eine Galerie eröffnet, in der die Kunstwerke dann täglich zu sehen und zu kaufen sind. In der Atelier-Galerie können schon heute die Arbeitsplätze der Künstler und ihre Werke besichtigt werden. Eine große Zahl der ausgestellten Bilder ist käuflich zu erwerben. Zusätzlich werden auch Bücher, Kataloge, Poster und Postkarten angeboten. Außerdem gibt es bei einer Tasse Kaffee die Gelegenheit, mit den Kreativen ins Gespräch zu kommen. Ganz unversehens. Hier schafft die Kunst völlig frei. Da hat die Vielfalt Schlump gehabt.

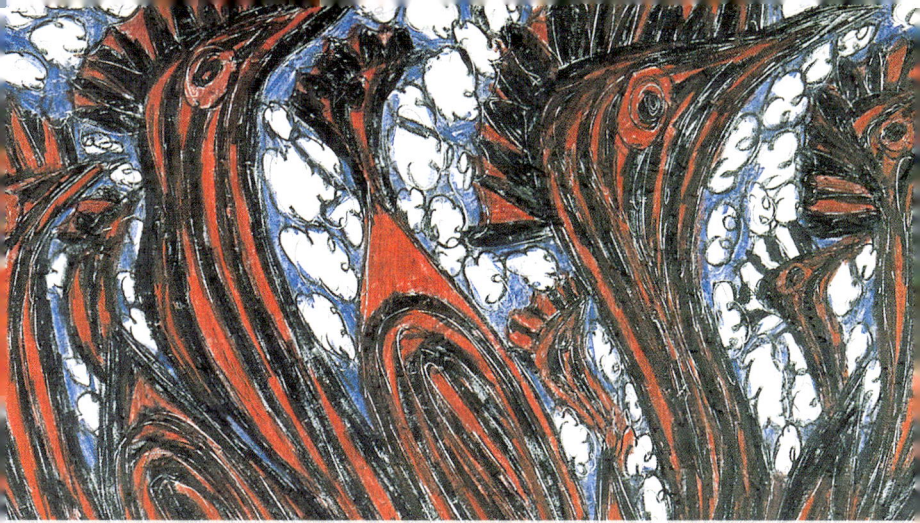

Adresse Alte Rinderschlachthalle/Eingang B, Neuer Kamp 30, 20357 Hamburg (Schanze), Tel. 040/43254270, www.schlumper.de, E-Mail: post@schlumper.de | **ÖPNV** U 3, Halte-stelle Feldstraße | **Öffnungszeiten** Mi–Fr 16–19 Uhr, Sa 11–17 Uhr

94 Schokovida

Sand und Schokolade

Kein Witz! Den Elbstrand kann man essen! Selbstverständlich nicht die Variante aus Sand und Stein. Die Chocolatiers von Schokovida haben eine ihrer vier Hamburg-Schokoladen »Elbstrand« getauft und der »Copacabana« der Hansestadt ein Denkmal aus weißer Kuvertüre mit mildem Blaumohn gesetzt. Sieht aus wie Sand, schmeckt nur besser. Seit 2004 befinden sich Berit Windisch und Oliver Rohlf auf großer Fahrt in Sachen gute Schokolade. Für die beiden Quereinsteiger tragen gute Produkte ausschließlich gute Zutaten in sich, sorgen so für gewinnenden Gaumenkitzel und wandeln dabei immer öfter auf fairen, nachhaltigen und biologisch einwandfreien Wegen. Schokovida eint Einzelhandel und Manufaktur. Neben weltbesten Marken führt das Geschäft Eigenkreationen von erstklassiger Qualität.

In den hinteren Räumlichkeiten, dem »Schokowerk Hamburg«, kreiert Berit mitsamt Vater und Konditormeister Hans Windisch gehobene Confiserie ohne doppelten Boden: keine Fremdfette, null Konservierungsstoffe oder künstliche Aromen. Alle Tafeln werden von Hand gegossen, jeder Trüffel einzeln in Form gerollt und designt. Schokovida lebt das Prinzip »Family Business«: Mutter, Vater, Freunde – alle sind dabei, alle machen mit.

Berit und Oliver sind gerne Hamburger, und das sieht man ihren Produkten an. Neben dem »Elbstrand« kommt der »Fischkopp« ohne Gräten, dafür mit Kakaobohnensplittern und einer Prise Meersalz aus, übersetzt die Edelbitterschokolade »Heimathafen« samt ihrer grobkörnigen Pfeffermischung die Tradition der Pfeffersäcke in die Neuzeit. Das neueste Baby in Sachen Schoko-Mission hört auf den Namen »Pralinenkurs«: Berit führt kleinen Gruppen vor, wie man Schokolade richtig temperiert, Füllungen zubereitet und Trüffel gleichmäßig igelt. Am Ende des Kurses gibt es neben den Originalrezepten auch eine Tüte selbst gemachter Pralinen mit nach Hause, quasi Schoko cum laude, ganz im Ernst.

...late dream

Adresse Hegestr. 33, 20249 Hamburg (Eppendorf), Tel. 040/87870808, www.schokovida.de, E-Mail: info@schokovida.de | **ÖPNV** U 3, Haltestelle Eppendorfer Baum, Bus 34, Haltestelle Haynstraße | **Öffnungszeiten** Mo–Fr 10–19 Uhr, Sa 10–16 Uhr

95 — Secondella
Die zweite Ernte

Evas angebissener grüner Apfel war einmal das Logo, und was hier stattfindet, ist tatsächlich ein so fruchtbares wie raffiniertes Geben und Nehmen. Auf ihren Reisen hatte die Gründerin und Mitinhaberin Marie-Louise Schaernack als Model in England und den USA Secondhandshops kennengelernt und wollte dieses neue Geschäftsmodell auch in Hamburg etablieren. »Ich wagte ein geschäftliches Abenteuer.« Es war die Zeit, als die Top-Designer, die bis dahin nur Haute Couture hergestellt hatten, eine zweite Linie mit Prêt-à-porter-Kollektionen herausbrachten, während Twiggy und Jane Fonda die Mode-Idole waren und Paco Rabanne, Pucci und Yves Saint Laurent die Szene bewegten.

Es funktionierte: Ein Freundes- und Kollegenkreis unterstützte begeistert die Idee, eigene schöne, kaum getragene Mode zu verkaufen und gleichzeitig selbst zu erwerben. »Es wurde über Gott und die Welt debattiert und zugleich geschwelgt in diesem neuartigen erschwinglichen Modeparadies mit Mini, Maxi, Haute Couture und Prêt-à-porter«, sagt Marie-Louise Schaernack. Schon nach wenigen Jahren hatte sich aus einer spontanen Idee ein neuer wesentlicher Wirtschaftszweig in Deutschland entwickelt, und der Laden wurde verlässlicher Partner für 10.000 private Lieferanten in aller Welt. So sind aus einem vor mehr als 40 Jahren gegründeten Geschäft inzwischen drei am gleichen Standort geworden, mit 450 Quadratmeter Ladenverkaufsfläche, die sich vornehmlich in der Preisgestaltung unterscheiden.

Hochwertige Damen-, Herren- und Kindermode wird in Kommission genommen. Accessoires von Hermès und Chanel und neue Second-Season-Luxusmode gekauft. International ist nicht nur die Mode, sondern auch der Mitarbeiterstab, darunter die beiden Miteigentümerinnen Silke Griebel und Brigitte Kasper, die mit Vintage-Präsentationen Labels wie Yves Saint Laurent und Chanel in Szene setzen. »Man spricht und schreibt heute von Nachhaltigkeit und sogar Recycling der Mode, wenn über secondhand gesprochen wird: Da steht Secondella ganz vorn.«

Adresse Hohe Bleichen 5, 20354 Hamburg (Neustadt), Tel. 040/352931, www.secondella.de,
E-Mail: shop@secondella.de | **ÖPNV** S 1, 2, 3, U 1, 2, 4 Haltestelle Jungfernstieg, Bus 5,
Haltestelle Gänsemarkt | **Öffnungszeiten** Mo – Fr 10 – 19 Uhr, Sa 10 – 18 Uhr

96 — Speicherstadt Kaffeerösterei

Sommeliers des braunen Goldes

Der Auftakt war ein Überraschungscoup: Als sich 2006, nach beinahe 120 Jahren, die schweren Türen im Lagerblock L der Speicherstadt dem Publikum zu einer voll ausgestatteten Kaffeerösterei erneut öffneten, trauten die Hamburger ihren Augen kaum. Die besondere Atmosphäre des weiten Lagerraumes mit eisengenieteten Stützen und Trägern aus dem 19. Jahrhundert, der Belag aus schweren Bohlen und eine Vielzahl historischer Kaffee- und Röstutensilien schienen den authentischen Eindruck eines Röstraumes aus alter Zeit zu vermitteln. Nichts hätte irreführender sein können; denn in jener Zeit war das Rösten wegen des Risikos der Brandgefahr in den damals mit Waren aller Art gefüllten Lagerkomplexen verboten.

Ganz anders heute: Seitdem die modernisierten, feuergeschützten Lagerräume dem Einzelhandel offenstehen, kann das interessierte Publikum nun mehrmals am Tag den Ablauf des Produktionsprozesses verfolgen und dabei genüsslich einen Kaffee schlürfen. »Um einen richtig guten Kaffee zu rösten, braucht es hochwertigen grünen Rohkaffee. Die Bohnen müssen langsam und schonend geröstet und ebenso sorgsam gekühlt werden, damit sich köstliche Aromen entwickeln können«, sagt Inhaber Drews.

Es sind ausschließlich Spezialitäten der Arabica-Kaffeepflanzen, die hier geröstet und verkostet werden; im geräumigen Fabrikladen wird der röstfrische Kaffee auch zum Kauf angeboten. Links vom Eingang, im 400 Quadratmeter großen »Boden«, ist eine eindrucksvolle »Herstellungsstraße« mit einem Probat-Kaffeeröster, einem metallenen Kühlsieb und Abfüllvorrichtungen aufgestellt. Nicht nur die Geräte, sondern vor allem die Liebe zu dem einzigartigen Produkt haben die beiden Väter der Inhaber Wessel-Ellermann und Drews an die Söhne weitergegeben. Hier duftet das braune Gold Besucher um die Sinne. Zeit, sich einmal wieder überraschen zu lassen …

Adresse Kehrwieder 5, 20457 Hamburg (Speicherstadt), Tel. 040/31816161, www.speicherstadt-kaffee.de, E-Mail: info@speicherstadt-kaffee.de | **ÖPNV** U 3, Haltestelle Baumwall, Bus 6, Haltestelle Auf dem Sande (Speicherstadt) | **Öffnungszeiten** Mo – So 10 – 19 Uhr

97 Steinway-Haus Hamburg

Willkommen in der Steinway Familie

Fast wie ein Geheimtipp: Das Steinway-Haus Hamburg in Bahrenfeld. 2005, nach mehr als 100 Jahren, gab Steinway & Sons den alten innenstädtischen Standort »Colonnaden« auf und eröffnete ein modernes Einzelhandelsgeschäft direkt gegenüber der weltberühmten Pianomanufaktur Steinway & Sons. »Welcome to the Family!«, wird man freundlich von einer Gruppe musizierender junger Leute auf einem Banner begrüßt. Dazu spielt ein edler Steinway-Flügel mit eingebautem Selbstspieler wie von Geisterhand die »Regentropfen-Prélude« von Frédéric Chopin. Anheimelnd und passend zum Hamburger Schietwetter.

Die Leiterin des Hauses, Birgit Gremmelspacher, führt gerne durch den ersten großzügigen Raum, in dem Steinway drei eigene Marken anbietet: Steinway & Sons sowie die beiden Tochtermarken Boston und Essex. Zusammen bilden sie die »Family of Steinway-Designed Pianos«. Im folgenden »Steinway Raum« stehen schwarz glänzend die »echten« Steinways. Seit 1853, dem Firmengründungsjahr, werden die Instrumente getreu dem kompromisslosen Anspruch des Firmengründers Henry E. Steinway – »to build the best pianos possible« – nahezu unverändert gebaut. Am New Yorker Standort im Stadtteil Queens entstehen die Pianos für den amerikanischen Markt.

Am zweiten Standort in Hamburg werden seit 1880 alle Klaviere und Flügel für den Rest der Welt gefertigt. Wow! Kaum zu glauben. Einen ersten Eindruck vom Rohinstrument vermitteln ein Flügelkorpus, eine Gussplatte, ein Resonanzboden und auch eine Flügelmechanik im Steinway-Raum. Es sind vier von mehr als 120 patentierten Entwicklungen des Firmengründers, mit denen er einst den Klavierbau revolutionierte. Von der Wand grüßen Fotos und Zitate berühmter Pianisten wie etwa des Klaviervirtuosen Vladimir Horowitz, dem der gegenüberliegende Hamburger Konzertsaal mit 90 Sitzplätzen gewidmet ist, wo regelmäßig Konzerte, Vorträge und Workshops stattfinden. Familie verpflichtet.

Adresse Rondenbarg 15, 22525 Hamburg (Bahrenfeld), Tel. 040/85391303, www.steinway-hamburg.de, E-Mail: info@steinway-hamburg.de | **ÖPNV** S 3, 21, Haltestelle Diebsteich & Langenfelde, Bus 180, Haltestelle Rondenbarg | **Öffnungszeiten** Mo–Fr 10–18 Uhr, Sa 10–16 Uhr

98 Stilbruch

Der nächste Lebenszyklus

Hier steht zusammen, was nicht zusammengehört: Es ist ausschließlich von gestern oder vorgestern und gibt damit einen Blick frei auf die Wohnwelten der letzten Jahrzehnte mit ganz unterschiedlichem Zeitgeschmack – ob Gelsenkirchener Barock, Sitzbank oder Esstisch im Landhausstil.

Auch bei den Materialien gibt es nichts, was es nicht gibt, aber eines gilt immer: »Lieber gebraucht als teuer.« Manch Kinderauge wird größer bei dem Zoo an Stofftieren und Püppchen zum Liebhaben. Von der Länge der Straßenfront her ist das »Kaufhaus für Modernes von gestern« durchaus vergleichbar mit jedem anderen Möbelhaus samt breitem Sortiment – nur ohne Elch. Die in großen Hallen ausgestellten Möbel und Einrichtungsgegenstände sind nicht Vintage und erst recht keine Antiquitäten; die Zeiten, in denen sich Studenten auf den Straßen mit bestem Interieur in Nussbaum oder Mahagoni einrichten konnten, sind eher vorbei.

In Hamburg hatte man die Idee für die sanfte Sperrmüllentsorgung. Schon 2000 eröffnete die Tochtergesellschaft der Stadtreinigung im östlichen Stadtbezirk Wandsbeck den ersten Laden mit zwölf Angestellten, wo man für wenig Geld bekam, was andere nicht mehr gebrauchen konnten. Im gleichen Stilbruch-Verfahren arbeitet man seit 2005 im westlichen Stadtbezirk Altona, ebenfalls auf 3.000 Quadratmetern. Die beiden Läden werden täglich beliefert mit fünf bis sechs Lkw-Ladungen gebrauchter Waren.

Die Lieferanten sind Kollegen, die Sperrmüll auf Bestellung in den Hamburger Haushalten oder von Recyclinghöfen abholen und vor der Verbrennung retten, was noch zu retten ist – für einen weiteren Lebenszyklus. Inzwischen 60 Angestellte, zu 95 Prozent ehemalige Langzeitarbeitslose, sortieren, arbeiten auf und machen die Produkte verkaufsfertig. Geschäftsführer Hottgenroth: »Neben der ökologischen und ökonomischen Verantwortung zählt für uns ebenso die soziale.« Lieber sozial als teuer.

TÄGLICH NEUE GLÜCKSGRIFFE!

Adresse Helbingstraße 63, 22047 Hamburg (Wandsbek) & Ruhrstraße 51, 22761 Hamburg (Altona), Tel. 040/2576222, www.stilbruch.de, E-Mail: info@stilbruch.info | **ÖPNV** Wandsbek: U 1, Haltestelle Straßburger Straße, Bus 171, 271 Haltestelle Stephanstraße, Altona: S 3, 21, Haltestelle Diebsteich, Bus 3, Haltestelle Schützenstraße (Mitte) | **Öffnungszeiten** Mo – Sa 10 – 18 Uhr

99   Suicycle

Keine Bremse, kein Licht

Hier gib es Rad pur: Räder, Rahmen, Pedale und Sattel, keine Bremse, kein Licht, auch keine Gangschaltung. Alle Modelle, die im Verkaufsraum stehen, sehen so gänzlich anders aus als im Fahrradgeschäft von nebenan. Die kleinen Räder sind bei Jugendlichen sehr beliebt und auch 40-Jährige fahren mit BMX-Rädern noch gerne kunstvolle Stunts und gewagte Tricks. Wer will, bekommt sie auch mit hohem Rahmen. Andere Typen sind zum Bahnradfahren konzipiert – mit vor- und rücklaufendem Kettenantrieb, ohne Freilauf. Manche Typen werden auch von Kurierfahrern genutzt. Vielleicht ist es Zufall: Alle, die hier seit 2004 arbeiten, sind wie Inhaber Jan »exenger«. Eben »Ex-messenger«, ehemalige Fahrradkuriere.

Im zweiten Ladenlokal befindet sich die Annahme von Reparaturaufträgen, während die Werksträume für vier Radmechaniker im Keller liegen. Hier wird nicht nur repariert, sondern es werden selbst entworfene Räder gebaut. Wegen der vielen auch internationalen Kunden, die den Bikershop von der Internet-Szene her kennen, pflegt man bei Suicycle Deutsch und Englisch als Umgangssprachen.

»Wir verkaufen Räder, wie wir sie gut und zweckmäßig finden beziehungsweise nach den Wünschen und Anforderungen der Kunden, das ist manchmal nicht ganz dasselbe«, so Jan über diese Art von »bike manufactory«. »Es werden aber gerne auch Straßenräder für den Normalnutzer verkauft. Lastenfahrräder von ›Bullitt's and Christiania's‹ aus Kopenhagen und auch Rischkas können geliefert werden. Rahmen und Bauteile kommen – nach eigenen technischen Anforderungen konzipiert – aus Deutschland und Asien, und individuelle Maßrahmen lassen wir in Hamburg von Hagen Wechsel ›hand made‹ herstellen.« Service und Reparatur – »okay we like to do it« – sind top. Auch Laufkundschaft – klar – ist gerne gesehen. »Looking forward to Pankt Saulopoly 2014«, dem zukünftigen Bahnradevent der Szene! Rasen ausdrücklich erwünscht!

Adresse Wohlwillstraße 12, 20359 Hamburg (St. Pauli), Tel. 040/86686281, www.suicycle-store.com, E-Mail: axel@suicycle-store.com & jan@suicycle-store.com | **ÖPNV** U 3, Haltestelle Feldstraße & St. Pauli, Bus 6, Haltestelle Paulinenstraße | **Öffnungszeiten** Mo–Fr 12–19 Uhr, Sa 11–17 Uhr

100__ Wasserschloss Speicherstadt

Das (ver–)köstliche Teekontor

Immer eine Nasenlänge voraus beim würzigen Duft von Tee: Von einem alteingesessenen hanseatischen Teeimporteur lernte Holger Sturm die Gepflogenheiten und Nuancen des Tee-Großhandels am bedeutendsten europäischen Umschlagplatz. Nach einem längeren Aufenthalt auf Plantagen des indischen Darjeeling machte er sich im Teegroßhandel und mit dem »Teekontor« als Einzelhändler selbstständig.

Seit 2011 ist er einer der ersten Einzelhändler im Bereich der aufgelösten Freihandelszone mitten in der Speicherstadt, auf einer Halbinsel zwischen zwei Fleeten. Anders als die anderen Gebäude und als eine der wenigen Ausnahmen in der Speicherstadt diente das Wasserschloss in historischen Zeiten zwei Zwecken: als Wohn- und Arbeitsstätte für technisches Personal. Die Windenwärter wachten darüber, dass die Lastenaufzüge vor den Speichern reibungslos ihren Dienst verrichteten. Denn nur so konnten Tee, Kaffee, Gewürze und alles andere, was an Kostbarkeiten aus Übersee in duftenden Ballen im Freihafen angelandet wurde, ihr Zwischenlager erreichen.

Heute steht in goldenen Buchstaben »Wasserschloss Speicherstadt« über den großen hölzernen Eingangspforten. Dahinter duftet es nach Tee, der in den deckenhohen Regalen des Teekontors lagert, und in einem angeschlossenen Gastrobereich nach teeinhaltigen Delikatessen, deren Rezepturen rund um das Thema Tee kreisen. Erfahrene Kompositeure helfen bei der Auswahl aus über 250 Sorten und beraten auch beim passenden Hamburg-Souvenir: Die Sorten »Elbkind« und »Sturmflut« sind ebenso ausgefallene Mitbringsel wie die Kräuterteemischung »Windenwächter«. In dem malerischen Teefachhandel steht die gesamte Produktpalette der interTee Handelsgesellschaft und des Teehandelskontors Sturm zum Kauf bereit. In der Teeküche der oberen Etage können Sie selbst zum Experten der Teeverkostung werden. Immer der Nase nach!

Adresse Dienerreihe 4, 20457 Hamburg (Speicherstadt), Tel. 040/558982640, www.wasserschloss.de, E-Mail: mail@wasserschloss.de | ÖPNV U 1, Haltestelle Meßberg & Steinstraße | Öffnungszeiten Mo–So 10–22 Uhr

101 E. Thiesen
Automobile Raritäten

Karossen machen Staat

So sieht Spaßrendite aus: Eberhard Thiesen verkauft Wertanlagen und berät Sammler bei der Zusammenstellung ihres Portfolios. 90 historische Fahrzeugmodelle sind auf einem Oldtimer-Index, dem DAX der Branche, erfasst; viele davon stehen in den Garagen des Unternehmens. Schicke Klassiker und Oldtimer eignen sich auch als Geschäftswagen – und müssen nicht einmal teuer sein, so die Hamburger Handelskammer.

In den 1970er Jahren fuhr der ehemalige Student einen Mercedes 190 D und stellte fest: An Ersatzteile war nur schwer heranzukommen. Daraus entstand zunächst die Idee, Bestände an Ersatzteilen aufzukaufen. Russland erwies sich als guter Markt, denn dort gab es noch viele Beutefahrzeuge vom Ende des Zweiten Weltkrieges, und viele Russen waren durchaus interessiert, alte Autos gegen neue Modelle einzutauschen. »Es war ein wenig eine Goldgräbermentalität, verschollene Fahrzeuge aufzuspüren«, erzählt der studierte Historiker. »Bei den Modellen spielt die Vorgeschichte oft eine den Geldwert bestimmende Rolle. So haben wir auch den Adenauer-Mercedes gehandelt oder den 300 S von Fred Astaire.«

1972 gegründet, hat das älteste Oldtimer-Verkaufshaus seiner Art in Deutschland mit einer Niederlassung in Berlin und rund 100 ausgewählten Exponaten in den beiden Ausstellungen Kunden in der ganzen Welt. Auf der größten Fachmesse, der Technik Classica in Düsseldorf, ist Thiesen regelmäßig präsent. Die Büroräume finden sich im feinen Stadtteil Rotherbaum. In der weitläufigen Garage stehen geschwungene Kotflügel von vier Dutzend chromglänzenden Karossen Seite an Seite. Klassiker wie der AC Roadster, eine Bentley Limousine, ein Porsche 356, BMW 327, der Roadster 507, die Mercedes-Modelle 230, 250 oder das 280 SL Cabrio, die zu den schönsten Oldtimern der Welt gehören. Zurzeit ist das älteste Modell ein offener Mercedes Tourenwagen Baujahr 1912. Nicht nur im Fahrtwind kommt Freude auf.

Adresse Mittelweg 119, 20148 Hamburg (Rotherbaum), Tel. 040/4503430, www.thiesen-kg.de, E-Mail: info@thiesen-kg.de | **ÖPNV** U 1, Haltestelle Hallerstraße, Bus 109, Haltestelle Alsterchaussee | **Öffnungszeiten** Mo–Fr 10–18 Uhr, Sa 10–14 Uhr sowie nach Vereinbarung

102 — Thomas-i-Punkt
Ein gutes Omen

Kleptomanen aufgepasst: Hier wird es unwiderstehlich. Das edelklassige Angebot sticht sofort ins Auge. Kein Wunder, sondern ein gutes Zeichen: Besonders bekannt wurde Thomas-i-Punkt Mitte der 80er Jahre mit der hauseigenen Kollektion OMEN, die noch immer von Thomas Friese entworfen und im eigenen Nähatelier und der hauseigenen Strickerei in Hamburg-Rothenburgsort gefertigt wird. Die Schnitte sind zeitlos, die Verarbeitung erstklassig. Viele Stoffe werden speziell für die eigene Kollektion gewebt, sie kommen aus kleinen hochspezialisierten Webereien in Japan, Belgien, England und Italien. Die Garne für die Strickwaren stammen überwiegend von neuseeländischen Schafen und besten Garnspinnern.

Neben zahlreichen Stammkunden aus Hamburg kommen die OMEN-Kunden aus ganz Deutschland, der Schweiz und Skandinavien. Die Kollektion wird nur in den beiden eigenen Hamburger Geschäften verkauft. Ihre Räume hat die 1968 gegründete Modefirma auf vier Etagen im denkmalgeschützen »Hulbe Haus«, das 1908 bis 1911 von dem Kunsthandwerker Georg Hulbe im Stil niederländischer Sandstein-Renaissance neben der St. Petri Kirche erbaut wurde.

Seit Neuestem gibt es von Thomas Junior ein eigenes Label: BE HOOKED. Es ist ein echtes Familienunternehmen, denn noch drei weitere Geschwister sind in Verwaltung, Stoffeinkauf und Produktionsleitung tätig und auch oft im Hauptgeschäft anzutreffen.

Im Untergeschoss gibt es eine große Auswahl an bedruckten T-Shirts von CARHARTT oder dem Hamburger Label CLEPTOMANICX. Der Kontrast zwischen klassischer Mode einerseits und Produkten der Jugendkultur andererseits ist verblüffend, aber leicht zu erklären: Mit dem Bau von »Skateland« wurde Thomas-i-Punkt als Förderer deutschlandweit bekannt. »Mit dieser weitestgehend kostenlosen Einrichtung haben wir die Kids von der Straße geholt«, betont der Chef. Sicher. Denn Erwachsene wie Kids, alle sind sie »hooked«.

Adresse Mönckebergstraße 2, 20095 Hamburg (Altstadt), Tel. 040/327172, www.thomasipunkt.de, E-Mail: info@thomasipunkt.de **| ÖPNV** S 1, 2, 3, U 1, 2, 3, 4, Haltestelle Jungfernstieg, U 3, Haltestelle Mönckebergstraße, Bus 5, Haltestelle Gerhart-Hauptmann-Platz **| Öffnungszeiten** Mo–Sa 9–20 Uhr

103 Underpressure

Sprühdose und Vinyl

Underground war mal – damals, 1997, als der 22-jährige Thomas Brutscher im alternativen Karolinenviertel Farbsprühdosen auf die Ladentheke im Souterrain packte. Bei der Wahl des Geschäftsnamens ging ihm Verschiedenes durch den Kopf. »Contains gas under pressure« stand auf den Sprühdosen, und für ihn war klar: »Alles ist besser als der Druck des Alltags, ich hatte dabei den Song von Queen in den Ohren.«

Heute ist das Angebot des nun in der höher frequentierten Schanzenstraße ansässigen Geschäfts sehr viel breiter, aber noch immer hip; eben ein Store, der den Groove der jugendlich getönten Hip-Hop-Kultur atmet – und auch diejenigen anzieht, die gern so jung bleiben würden. Sie alle finden eine »wahnsinnige Auswahl« modischer Sneaker-Schuhe und eine eigene Produktlinie von T-Shirts, die man im Siebdruck mit eigenem Logo und Motiven Graffiti inspirierter Designer bedrucken lässt. Neben cooler Kleidung gibt es alles zum Thema: Bücher, Schallplatten, CDs – und natürlich Farben, Marker und Sprühdosen. Letztere werden nicht nur von der Graffitiszene gekauft, sondern auch von Künstlern, Dekorateuren, Handwerkern und Bastlern.

In den nahe gelegenen Szenevierteln Schulterblatt, Schanze und Karoline hingegen erzählen Hauswand füllende Gemälde von der Kunstfertigkeit der anderen Kunden. Die Musik der Szene: natürlich vornehmlich Rap. Drei Mitarbeiter des Verkaufsteams sind als Discjockeys in Vinyl unterwegs. Das sorgt für täglich neue Beschallung im Laden. Hip Hop bleibt eine kommerzialisierte Kultur, die von der Straße kommt, davon zeugen von Streetart-Künstlern entworfene Vinyl Toys, Sammel- und Deko-Figuren. Bücher und Zeitschriften erzählen von ihrer Kunst, die sich dann nicht nur mittelbar auf den Siebdrucken der T-Shirts, sondern unmittelbar in den Ladenräumen mit Ausstellungen präsentiert. So kehren die verkauften Farben in den Shop zurück. »This is ourselves. Under pressure.«

Adresse Schanzenstraße 10, 20357 Hamburg (Schanzenviertel), Tel. 040/43253958, www.underpressure.de, E-Mail: info@underpressure.de | **ÖPNV** S 11, 21, 31, Haltestelle Sternschanze, U 3, Haltestelle Feldstraße, Bus 3, Haltestelle Neuer Pferdemarkt | **Öffnungszeiten** Mo−Fr 11.30−20 Uhr, Sa 11−20 Uhr

104 Veganz
Total nicht egal

»Unser täglich Brot gib uns heute, wie auch wir vergeben unseren Schuldigern.« Der Zusammenhang zwischen Nahrung und ethischem Verhalten wird auch im Hauptgebet der Christenheit formuliert. Veganer formulieren ihn auf neue Weise: Achtung, Respekt und Verantwortung gegenüber allen Menschen, Tieren und der Umwelt ist die Philosophie.

Wer vegan essen möchte, verzichtet auf jegliche tierische Ernährung, also auch auf Fisch und Meerestiere, Eier, Milchprodukte und Zusatzstoffe wie Gelatine, nicht nur im Hinblick auf eine gewünschte gesunde Ernährungsweise, sondern auch im Hinblick auf den Respekt vor den lebenden Kreaturen. Auf geschmacklich gutes Essen braucht man aber nicht zu verzichten, denn für alles gibt es eine unglaubliche Auswahl an gleichwertigen Nahrungsmitteln, etwa aus Soja, Saitan oder Lupinen.

Sein Angebot breitet das großzügige Geschäft in und auf seinen Verkaufsvitrinen, Regalen und Tresen vielfältig vor den Augen der Kunden aus: »Wir zeigen, was man als Veganer essen kann und zugleich dabei viel Gutes tut, indem man Tieren ihren Lebensraum belässt«, sagt die Geschäftsführerin und gelernte Werbekauffrau Helen Unsinn. Sie ist Partnerin im Netzwerk der bundesrepublikanischen Veganläden und beschäftigt in ihrem Laden neun Mitarbeiter. Endlose Kühlschränke bieten eine in Europa nicht vergleichbare Auswahl an Fleisch-, Wurst- und Fischalternativen, 80 Käsealternativen und pflanzliches Eis.

Im »Milchregal« befinden sich 45 schmackhafte pflanzliche Varianten. Darüber hinaus gibt es eine gut ausgestattete Kosmetikabteilung, Reinigungs- und Hygieneartikel, Tiernahrung und jede Menge Süßes wie Schokolade, Riegel und Kekse. Für Rohköstler und Menschen mit Glutenunverträglichkeit bietet Veganz eigene Abteilungen an. Viele Allergien werden im Produktsortiment berücksichtigt. Unser tägliches Steak weiß es zu danken.

Adresse Schützenstraße 21, 22761 Hamburg (Altona), Tel. 040/80080898, www.veganz.de/maerkte/hamburg.html, E-Mail: hamburg@veganz.de | **ÖPNV** S 1, 2, 3, 11, 31, Haltestelle Altona, Bus 2, Haltestelle Schützenstraße Süd, Bus 3, Haltestelle Schützenstraße Mitte | **Öffnungszeiten** Mo – Sa 8 – 20 Uhr

105 Die Vergolderei

Rahmenhandlung für Edelmetall

Wo es gülden blättert … Wer in den Werkstattladen eintritt, erkennt an der Ausstellung unterschiedlichster Gegenstände sofort: Hier herrscht die Leidenschaft für goldenen Glanz: Möbel, Kunstobjekte, Lieblingsstücke, Fundstücke und Formschönes. Ebenso finden sich Grafiken in vergoldeten Rahmen verschiedener Jahrzehnte und Epochen zum Kauf an den Wänden und besonders edle maßgefertigte Unikatrahmen. Eine Ausstellung vergoldeter Objekte in dem Laden inspirierte schon so manchen Kunden, eigene Stücke zu bringen und bearbeiten zu lassen.

Anna-Kathrin Hübner ist Vergoldermeisterin, ein Beruf, unter dem sich die wenigsten Menschen etwas vorstellen können. Dabei hat das Vergolderhandwerk Tradition seit den alten Ägyptern. Auch heute gibt es kaum eine Maschine, die den Vergoldern das Handwerk erleichtern würde. Rezepte werden per Hand angerührt, das hauchdünne Blattgold mit viel Fingerspitzengefühl aufgelegt und jedes Werkstück mit einiger Geduld zur Vollendung gebracht.

Anna-Kathrin Hübner erzählt: »Schon als Kind beschäftigte ich mich nur allzu gerne mit der Gestaltung von Oberflächen, so wurde der Inhalt einer kleinen Lackdose sorgsam auf diversen Gegenständen verteilt, noch etwas Glitzerpulver darauf – und fertig!« Im Berufsbild des Vergolders fand sie später all das, was ihr liegt: die Gestaltung von Oberflächen mit edlen Blattmetallen, Farben und Patina. Neben den edlen Blattgoldlegierungen kommen auf Wunsch Blattmessing, Aluminium und Kupfer zum Einsatz.

Das Anfertigen von Unikatrahmen und Restaurieren von Bilderrahmen, Möbeln und Kunstgegenständen sowie das Einrahmen von Grafiken, Fotografien und auch von Objekten gehören ebenso dazu. Diverse alte Verziertechniken ermöglichen eine breit gefächerte Palette, kreativ sowie handwerklich zu arbeiten. Die schönste Rahmenhandlung der Welt!

DIE VERGOLDEREI

Adresse Eppendorfer Weg 158, 20253 Hamburg (Eimsbüttel), Tel. 040/33428220, www.akhuebner.wix.com/die-vergolderei, E-Mail: info@dievergolderei.de | **ÖPNV** U3, Haltestelle Hoheluftbrücke, Bus 181, Haltestelle Eppendorfer Weg | **Öffnungszeiten** Di–Fr 10.30–13.30 & 14.30–19 Uhr, Sa 11–14 Uhr

106 Vergissmeinnicht

Die verwunschene Schatzinsel

In dem backsteinernen Hinterhof versteckt sich in ehemaligen Werksträumen eine Einkaufsperle für kleine und große Kinderherzen. Vergissmeinnicht – Lieblingsstücke für Kinder – führt ausgewähltes Spielzeug, Kleidung und Accessoires von Geburt bis Schulanfang. Das Herz von Vergissmeinnicht bilden die von der Inhaberin Magdalena Petri entwickelten Produkte der Marke »Lena Petri«, die alle in Ottensen gefertigt werden.

Unter diesem Label findet man neben Kleinkindermode im skandinavisch-folkloristischen Stil Accessoires wie etwa Spieluhren, Turnbeutel und kleine Kuschelkissen. Ergänzt wird das Angebot durch handgefertigte Produkte anderer Designerinnen. Aber auch industriell gefertigte Klassiker wie Fellschulranzen aus der Schweiz, Kasperlepuppen, Blechkreisel, Matrosenhemden und Lederhosen werden angeboten. Die Produkte kommen überwiegend aus kleinen, oft auch in Deutschland produzierenden Unternehmen.

Vergissmeinnicht steht für Schätze, die man selbst auch aus der eigenen Kindheit kennt, wie Glanzbilder, gewebte Bordüren, die Apfelbettwäsche der 1970er Jahre und Märchenfernseher. Hamburg steht auf Maritimes; das bedient Vergissmeinnicht natürlich ebenfalls – mit Ahoi-Mützen, Bodys, Fischerhemden, Ostfriesennerzen und Ankerketten. Die Mischung aus Kleinigkeiten und Kostbarkeiten lässt Großeltern, Eltern, Tanten, Onkel und Paten Geschenke zu besonderen und wiederkehrenden Anlässen wie Taufe, Geburt, Einschulung und Ostern, Weihnachten, Geburtstag finden.

Wenn man von der trubeligen Ottenser Hauptstraße in den Hinterhof zu Vergissmeinnicht abbiegt, tritt man in eine Oase der Ruhe ein. Hier können Kinderwagen problemlos draußen vor dem Laden stehen – ohne dass die Eltern Angst vor ›Kinderklau‹ haben müssen, und auf der Bank vor dem Laden wird so manche Verschnaufpause beim Shoppen genommen. Eine wahre Schatz- und Schutzinsel für Kinder- und Elternherzen.

Adresse Ottenser Hauptstraße 44, 22765 Hamburg (Altona), Tel. 040/29812593,
www.vergissmeinnicht-hamburg.de, E-Mail: info@vergissmeinnicht-hamburg.de ÖPNV
S 1, 2, 3, 11, 31, Haltestelle Altona Öffnungszeiten Mo–Fr 10–18 Uhr, Sa 11–16 Uhr

107 Vossberg – Wohntextilien

Der west-östliche Diwan

Sie ist Textilistin. Auch ein abgebrochenes Modedesign-Studium hat Silke Vossberg nicht davon abhalten können, zu einer Expertin des guten Geschmacks zu avancieren. Seit 1993 bietet sie in ihrem Laden im feinen Eppendorf sowie über einen Versandkatalog eine eigene Kollektion individueller Wohntextilien an.

»Mein Anliegen, einen Laden zu betreiben, ist aus der Not entstanden. Ich hatte zwei kleine Kinder zu ernähren, und mangels einer abgeschlossenen Ausbildung an der Modeschule hatte ich auch keinen richtigen Beruf vorzuweisen.« Zunächst ergab sich die Möglichkeit, mit Vintage-Mode aus den 1920er und 1930er Jahren einen Laden zu eröffnen. Mitte der 80er Jahre begann Vossberg, mit Wohntextilien zu handeln. Auf einem Hamburger Flohmarkt entdeckte sie einen Stand mit antiken Seidenkimonos. Ein Japaner verkaufte sie. Gegen eine Provision vermittelte er die Anschrift seiner Geschäftspartnerin in Tokyo.

»Dies wurde zu einem großen Glücksfall!«, sagt Silke Vossberg strahlend. Nicht nur, dass die Zeitschrift »Brigitte« auf sie aufmerksam wurde, auch die Geschäftspartnerin in Japan ruhte nicht und erweiterte ihr Angebot. »Mein Enthusiasmus für Wohntextilien war geweckt! Das heutige breite Angebot ist das Ergebnis vieler Entdeckungsreisen in Asien.« Vorwiegend waren es zunächst ethnische Textilien, die sie im Warenangebot hatte, aber das gilt heute nur noch für den kleineren Teil der angebotenen Textilien.

Da Silke Vossberg sich inzwischen intensiv mit der Textilhistorie beschäftigt hatte und eine Sammlung von antiken Stoffen aus Asien und Europa zusammentragen konnte, lag der nächste Schritt, antike beziehungsweise Museumsstücke zu reproduzieren, im Bereich des Möglichen. Dabei galt es auch, die alten Handwerkstechniken zu erhalten. Bis heute verdient eine große Anzahl der Textilien ein besonderes Prädikat, denn sie werden ausschließlich für Vossberg produziert: »weltexclusiv«.

Adresse Isestraße 87, 20149 Hamburg (Harvestehude), Tel. 040/481586, www.vossberg.de, E-Mail: info@vossberg.de | ÖPNV U 1, Haltestelle Klosterstern, U 3, Haltestelle Eppendorfer Baum | Öffnungszeiten Mo – Fr 11–18.30 Uhr, Sa 11–16 Uhr

108 Weberei Ulrike Isensee

Wo Schiffchen sausen

»Die Weber« einmal ganz anders: Ulrike Isensee liebt es, an einem ihrer Webstühle zu sitzen und das Schiffchen durch die Kettfäden sausen zu lassen. Stoffe, Kleiderständer, Webstühle, Schränke mit Garnknäueln und Spulen in allen Farben prägen das Bild des großen lichtdurchfluteten Raums in der »Webergasse«, wie sie ihre Straße nennt, denn nur wenige Häuser weiter webt ein Kollege in anderer Technik. Ihr Reich ist zugleich Verkaufsraum und Werkstatt. Obwohl die Webmeisterin und Textildesignerin hier seit 1983 allein arbeitet, hat sie für unterschiedliche Verwendungen vier Handwebstühle verschiedener Größe aufgestellt.

Hier entstehen die begehrten »Halsschmeichler«, Seidenschals in gedeckten oder auch fröhlichen Farben mit den »Isensee-Streifen« – dem Markenzeichen der Weberei –, die asymmetrisch angeordnet sind und beim Tragen unterschiedliche Ansichten bieten. Was Isensee webt, ergibt ganz ungewöhnliche Materialkombinationen und Designkreationen.

Leichtigkeit und luftige Verspieltheit sind Kennzeichen dieser transparenten Textilien, die filigranen Fischernetzen gleichen, in denen sich bunte Teile verfangen haben. »Das macht sonst niemand. Es geht mir darum, künstlerische Grundlagen auf Gebrauchsgegenstände anzuwenden«, erläutert die Meisterin der Stoffe ihre Arbeitsphilosophie. So fein gewirkt die Tücher aussehen mögen: Sie sind benutzbar und strapazierfähig. Man kann sie sogar waschen, natürlich mit der Hand.

Seit Jahren ist die Textilkünstlerin auf den Frankfurter Messen »Ambiente« und »Tendence« sowie auf der Jahresmesse Kunsthandwerk im »Museum für Kunst und Gewerbe Hamburg« präsent. Wer sich in der Hansestadt aufhält, kann die Stoffkünstlerin das ganze Jahr über besuchen und ihr sogar bei der Arbeit zuschauen. Es empfiehlt sich jedoch, vorher anzurufen, da nur dann geöffnet ist, wenn die Weberin auch webt.

Adresse Bernstorffstraße 119, 22767 Hamburg (St. Pauli), Tel. 040/4390962, www.ulrike-isensee.de, E-Mail: info@ulrike-isensee.de | ÖPNV S 11, 21, 31, U 3, Halte-stelle Sternschanze, S 11, 21, 31, Haltestelle Holstenstraße, U 3, Haltestelle Feldstraße | Öffnungszeiten Vereinbaren Sie Ihren persönlichen Beratungstermin.

109__Chr. Weimeister Eisenkrämerei

Hafenlichter

Hier lebt die Geschichte. Die Ladeneinrichtung mit dem alten Buchenschrank hinter dem Verkaufstresen, dessen 600 Schubladen eine Fundgrube für Kleinteile sind, stammt aus dem Jahr 1908, als Christian Weimeister im Eckgeschäft eine Eisenkrämerei eröffnete. An den Vorsetzen und den dahinter im Fluss stehenden Dalben machten Großsegler fest, wo noch bis in die 1950er Jahre unzählige Boote der Festmacher vertäut waren, wie der heutige Inhaber Andreas Dörflein auf einem großen Schwarz-Weiß-Foto an der Wand zeigt. »Als ich 1983 bei Weimeister meine Lehre begann, war das Geschäft immer noch auf die Ausrüstung von Schiffen spezialisiert, insbesondere führte es typische Berufskleidung, Werkzeuge, Lampen und Ähnliches.«

Das Jahr des 100-jährigen Firmenjubiläums 2008 war zugleich das Jahr der Weltwirtschafts- und der Beginn der lang anhaltenden Schifffahrtskrise. »Seitdem läuft im Bereich der Schiffsausrüstung gar nichts mehr, die Reeder sparen, und das beginnt bei der Kleidung der Seeleute.« Gut gefragt sind hingegen weiterhin die Werkzeuge der Holzverarbeitung. »Wir stellen uns auf die veränderte Nachfrage ein und spezialisieren uns weiter im Bereich von Petroleumlampen und Petroleumöfen«, erzählt Andreas Dörflein.

Seit 1908 nämlich wird von Weimeister die Lampenserie »Hafenlichter« im harmonischen, maritimen Design hergestellt, die sich durch die seltene Verwendung von poliertem, unlackiertem Kupfer auszeichnet. Es gibt sie als Schiffslampe, Schiffslaterne, Messinglampe, Tischlampe, und sie eignet sich gut für die Segeljacht oder den Schrebergarten. »Als Zulieferer im Marineschiffbau und als Reparaturwerkstätte für Lampen und Öfen haben wir über die Jahre eine einzigartige Kompetenz gewonnen, die wir nutzen wollen, um einen selbst entworfenen Petroleumofen auf den Markt zu bringen.« Wenn da nicht der Hafen brennt.

Adresse Johannisbollwerk 19, 20459 Hamburg (Neustadt), Tel. 040/312414 und 040/39906810, www.weimeister.com, E-Mail: chr.@weimeister.com | **ÖPNV** S 1, 2, 3, Haltestelle Landungsbrücken, U 3, Haltestelle Landungsbrücken | **Öffnungszeiten** Mo – Fr 9 – 18.30 Uhr, Sa 10 – 14 Uhr

110__ Weinquelle Lühmann

Aus aller Herren Länder

Die Spezialisten für Lebens- und Feuerwasser: Uwe und Jens Lühmann, Vater und Sohn, leiten in dritter und vierter Generation die Weinquelle Lühmann, ein einzigartiges Fachgeschäft für Wein und Hochprozentiges, das der Urgroßvater 1919 als Kolonialwarenladen gründete.

In den 1960er Jahren spezialisierte Lühmann sich auf den Verkauf von Wein und Spirituosen. Über die Jahre war es dann immer weniger Wein als Branntwein, der sprudelte, denn inzwischen wurden über 70 Prozent des Weins in Deutschland von Discountern verkauft. Uwe Lühmann übernahm das Ruder schon 1991, und der gelernte Importkaufmann Jens ist seit 2006 Prokurist in dem Geschäft, das sein einzigartiges Sortiment seit über 15 Jahren auch über das Internet vertreibt. Alles, was es dort gibt, ist vor Ort vorrätig.

3.000 verschiedene Flaschen stehen dicht an dicht in den Regalen des Ladenlokals, weitere 2.000 im angrenzenden Lager mit vielsagenden bunten Etiketten aus aller Herren Länder, aus denen man zumeist selbst geistige Kostbarkeiten und Raritäten importiert. Darunter allein über 1.300 verschiedene Whiskysorten, die Kenner nicht hoch genug zu loben wissen.

Solch ein Angebot spricht sich herum. Auch das sogenannte Sofort-Tasting ist beliebt und hilft bei der Kaufentscheidung. »Samstagmorgens haben wir die Männer aus Süddeutschland im Laden, deren Frauen abends zu ›König der Löwen‹ oder ›Rocky‹ auf der Reeperbahn wollen«, erzählt Uwe Lühmann. »Am Wochenende legen viele Skandinavier auf der Heimreise einen Autobahn-Stopp ein für die Bevorratung mit hochprozentigem flüssigen Genuss.« Gastronomie, Hotellerie und Luxuskreuzfahrtschiffe runden den Kundenstamm ab. »Hier steht Ihnen das Team der vier Familienmitglieder und zwölf Angestellten mit sehr guten Warenkenntnissen zur Verfügung.« Trinken während der Arbeitszeit ist übrigens nicht nur erlaubt, sondern gehört zur geistigen Fortbildung – hochprozentig.

Adresse Lübecker Straße 145, 22087 Hamburg (Uhlenhorst), Tel. 040/256391, www.weinquelle.com, E-Mail: luehmann@weinquelle.com | **ÖPNV** U 1, Haltestelle Wartenau | **Öffnungszeiten** Mo – Fr 9 – 18.30 Uhr, Sa 9 – 13 Uhr

111 Zardoz

Schätze aus Vinyl

»Zardoz nicht Zappa« nannte man bei der Gründung des Geschäfts vor über 30 Jahren das Angebot aus Comics und Musik. Das klang witzig und rebellisch genug. Heute leitet André Sorgenfrei das dreiköpfige Team des Ladengeschäfts, ist für den Musikbereich zuständig und bedient nur nebenbei auch Kunden bei den Secondhand-Büchern. Verkauft wird in einem seit zehn Jahren bestehenden großen Laden, wo sich in langen Regalen Bücher, CDs und DVDs reihen und auf Tischen vor allem Secondhand-Schallplatten angeboten werden: ein umfassendes Angebot an LPs und Singles quer durch alle Musiksparten von Oldtime, Swing und Sixties über Indie, Punk und Elektronik bis hin zu Klassik, Jazz und Schlager, von Hans Albers bis zu Tocotronic.

Anders als im Buchverlagswesen, wo die Lager regelmäßig geräumt und der Inhalt dann zu einem Bruchteil seines Ursprungspreises verramscht wird, ist dies in der Musikbranche nicht üblich. Bei dem, was hier von den Verkaufstischen weg zu ganz günstigem Preis zu haben ist, handelt es sich wirklich um Secondhand, ein Zeugnis der Konsumgewohnheiten seiner Vorbesitzer.

»Nach Einführung der CDs, die 2013 ihr 30-jähriges Jubiläum erleben, haben sich viele von alten Vinyl-Schätzen getrennt und zum neuen Tonträger gegriffen«, sagt André Sorgenfrei, »jetzt erleben wir den umgekehrten Trend, die 125 Jahre alte Dame erfährt eine zweite Jugend.« Aus aktuellen Neuerscheinungen der drei großen Musikverlage sucht André Sorgenfrei mit dem notwendigen Gespür aus, was in und angesagt ist. »Es ist nicht einfach, nicht nur viel, sondern vor allem Gutes zu bekommen.« Nahe genug an der Musikszene ist man hier: Beim Reeperbahnfestival im Herbst spielt die ein oder andere Band auch gerne einmal nachmittags im Geschäft. Seine Lieblingsbühne steht an der Elbe im Konzerttraum Hafenklang. Hier lässt sich mit Niveau stöbern – beswingt und sorgenfrei.

Adresse Schulterblatt 36, 20357 Hamburg (Schanzenviertel), Tel. 040/2803230, www.zardoz-schallplatten.de, E-Mail: info@zardoz-schallplatten.de | **ÖPNV** S 11, 21, 31, U 3, Haltestelle Sternschanze, Bus 6, Haltestelle Neuer Pferdemarkt | **Öffnungszeiten** Mo–Fr 12–20 Uhr, Sa 10–20 Uhr

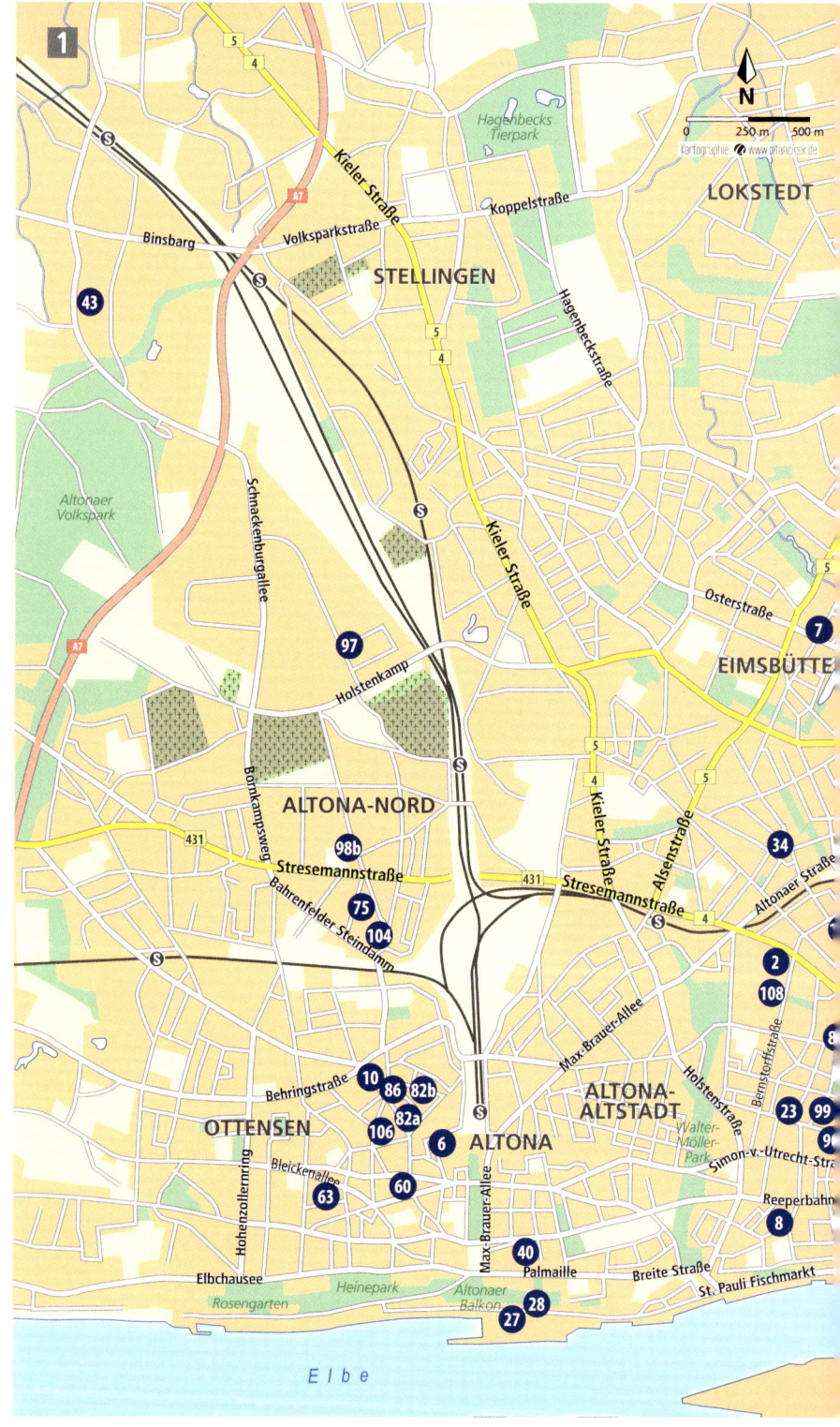

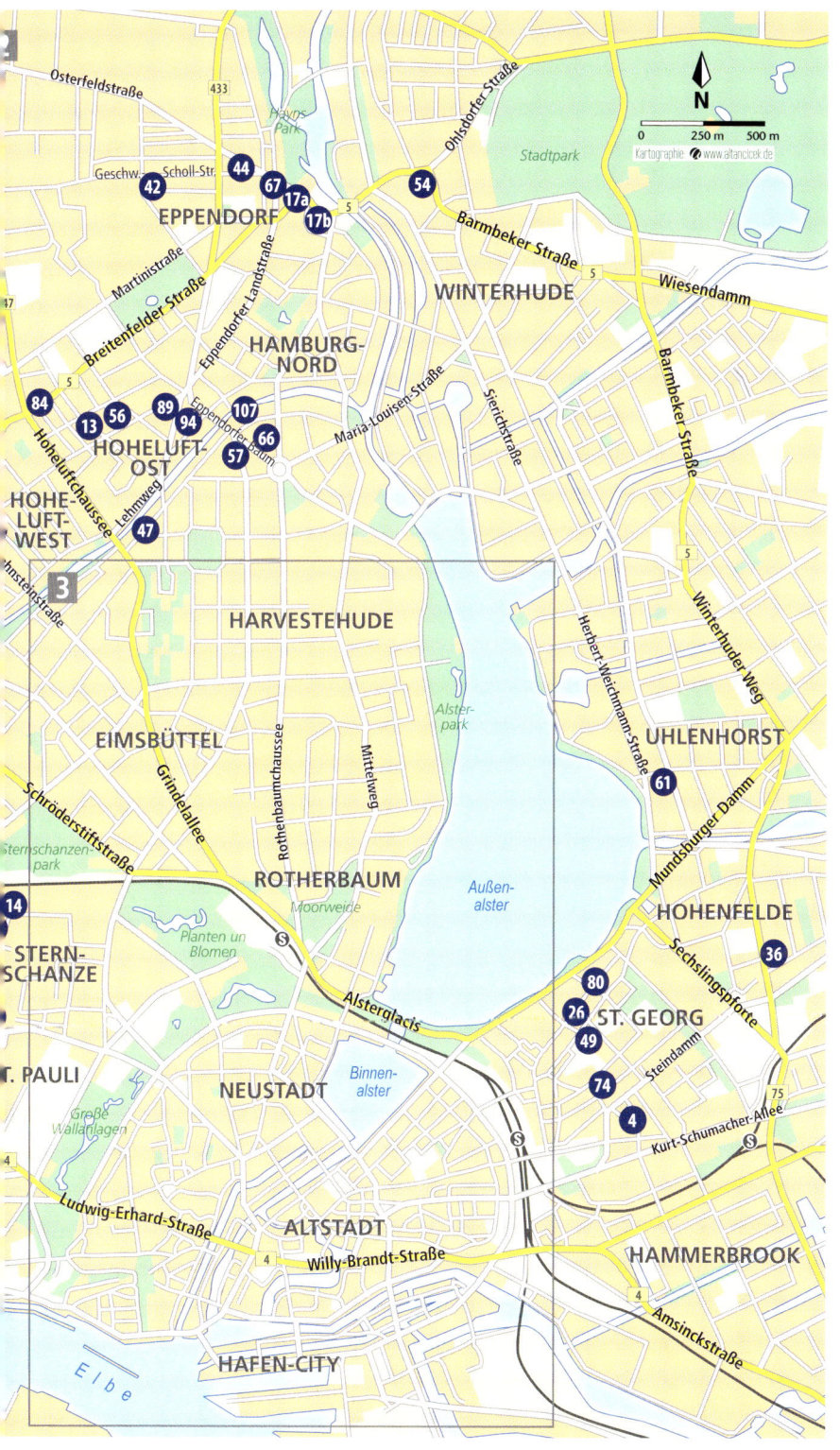

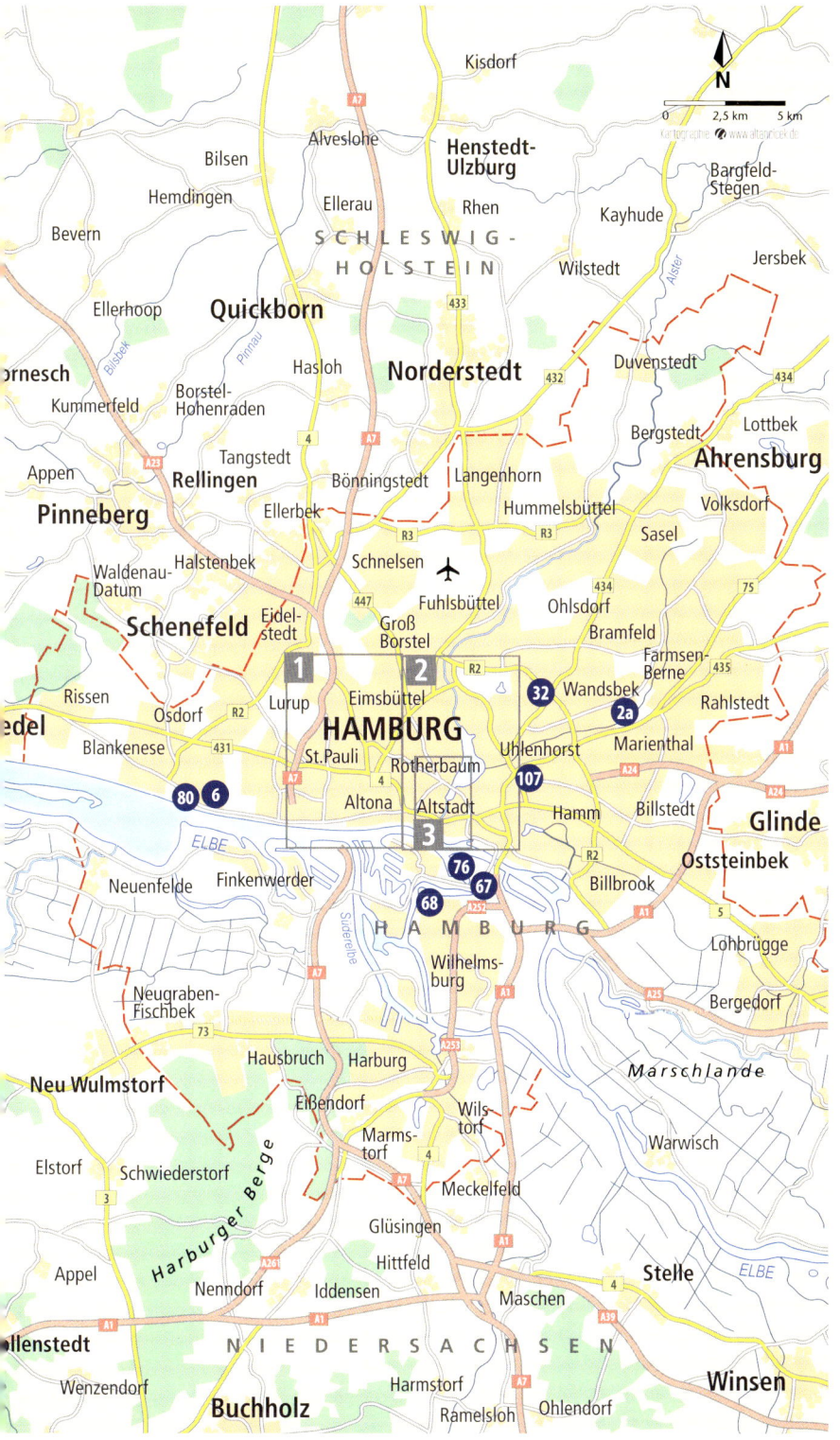

Rüdiger Liedtke
111 Orte auf Mallorca, die man gesehen haben muss
ISBN 978-3-89705-975-7

Susanne Thiel
111 Orte in Madrid, die man gesehen haben muss
ISBN 978-3-95451-118-1

Ralf Nestmeyer
111 Orte in der Provence, die man gesehen haben muss
ISBN 978-3-95451-094-8

Peter Eickhoff
111 Orte in Wien, die man gesehen haben muss
ISBN 978-3-89705-969-6

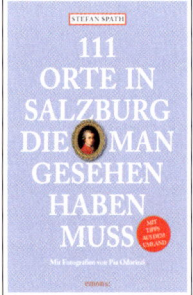

Stefan Spath
111 Orte in Salzburg, die man gesehen haben muss
ISBN 978-3-95451-114-3

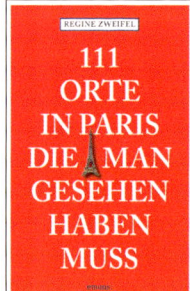

Regine Zweifel
111 Orte in Paris, die man gesehen haben muss
ISBN 978-3-89705-823-1

Dirk Engelhardt
111 in Barcelona, die man gesehen haben muss
ISBN 978-3-95451-066-5

John Sykes
111 Orte in London, die man gesehen haben muss
ISBN 978-3-95451-117-4

Annett Klingner
111 Orte in Rom, die man gesehen haben muss
ISBN 978-3-95451-219-5

Peter Eickhoff
111 Düsseldorfer Orte, die man gesehen haben muss
ISBN 978-3-89705-699-2

Fabian Pasalk
111 Orte im Ruhrgebiet, die man gesehen haben muss
ISBN 978-3-89705-814-9

Rüdiger Liedtke
111 Orte in München, die man gesehen haben muss
ISBN 978-3-89705-892-7

Gabriele Kalmbach
111 Orte in Dresden, die man gesehen haben muss
ISBN 978-3-89705-909-2

Oliver Schröter
111 Orte in Leipzig, die man gesehen haben muss
ISBN 978-3-89705-910-8

René Förder
111 Orte in Sachsen-Anhalt, die man gesehen haben muss
ISBN 978-3-89705-911-5

Rike Wolf
111 Orte in Hamburg, die man gesehen haben muss
ISBN 978-3-89705-916-0

Lucia Jay von Seldeneck, Carolin Huder, Verena Eidel
111 Orte in Berlin, die man gesehen haben muss
ISBN 978-3-89705-853-8

Bernd Imgrund
111 Kölner Orte, die man gesehen haben muss
Band 1
ISBN 978-3-89705-618-3

Daniela Bianca Gierok und
Ralf H. Dorweiler
**111 Orte im Schwarzwald, die
man gesehen haben muss**
ISBN 978-3-89705-950-4

Barbara Goerlich
**111 Orte auf der
Schwäbischen Alb, die
man gesehen haben muss**
ISBN 978-3-89705-948-1

Lucia Jay von Seldeneck,
Carolin Huder, Verena Eidel
**111 Orte in Berlin, die
Geschichte erzählen**
ISBN 978-3-95451-039-9

Stefanie Jung
**111 Orte in Mainz, die man
gesehen haben muss**
ISBN 978-3-95451-041-2

Gabriele Kalmbach
**111 Orte in Stuttgart, die
man gesehen haben muss**
ISBN 978-3-95451-004-7

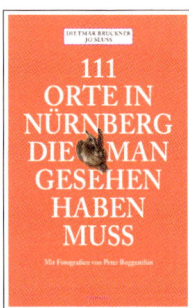

Dietmar Bruckner, Jo Seuß
**111 Orte in Nürnberg, die
man gesehen haben muss**
ISBN 978-3-95451-042-9

Ulf Annel
**111 Orte in Erfurt, die man
gesehen haben muss**
ISBN 978-3-95451-022-1

Oliver Schröter
**111 Orte in Sachsen, die
man gesehen haben muss**
ISBN 978-3-95451-021-4

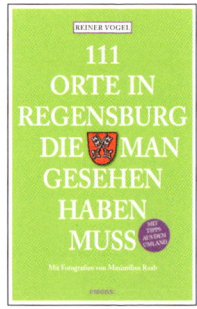

Reiner Vogel
**111 Orte in Regensburg, die
man gesehen haben muss**
ISBN 978-3-95451-054-2

Dietmar Bruckner und
Michaela Moritz
**111 Orte in Bayreuth und der
Fränkischen Schweiz, die
man gesehen haben muss**
ISBN 978-3-95451-130-3

Christina Kuhn und
Christian Löhden
**111 Orte in der Pfalz, die
man gesehen haben muss**
ISBN 978-3-95451-085-6

Monika Salchert
**111 Museen in NRW, die
man gesehen haben muss**
ISBN 978-3-95451-107-5

Stefanie Jung
**111 Orte in Rheinhessen, die
man gesehen haben muss**
ISBN 978-3-95451-082-5

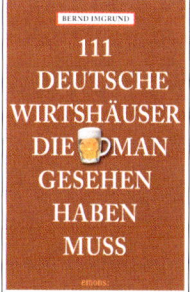

Bernd Imgrund
**111 deutsche Wirtshäuser,
die man gesehen haben muss**
ISBN 978-3-95451-080-1

Cornelia Kuhnert
**111 Orte in Hannover, die
man gesehen haben muss**
ISBN 978-3-95451-086-3

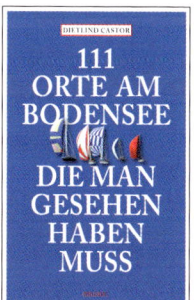

Dietlind Castor
**111 Orte am Bodensee, die
man gesehen haben muss**
ISBN 978-3-95451-063-4

Bernd F. Gruschwitz
**111 Orte in Bremen, die
man gesehen haben muss**
ISBN: 978-3-95451-210-2

Bernd Imgrund
**111 Orte in der Eifel, die
man gesehen haben muss**
ISBN 978-3-95451-003-0

Der Autor

Der Jurist Paul Klein ist 1989 nach Hamburg gezogen. Er hat sein Interesse an der Geschichte der Stadt und ihrer Menschen zu seinem Beruf als Stadtführer gemacht. Auf seinen Entdeckungstouren interessiert er sich nicht nur für die besonderen Bauwerke und Monumente, sondern auch für das Straßenleben in den verschiedenen Stadtquartieren. Daraus ist dieses Buch mit 111 Geschäften Hamburgs entstanden. Ein anderer Stadtführer.